FOGO VERDE

FOGO VERDE

Técnicas de mestre
para um churrasco à base
de plantas e vegetais

FRANCIS MALLMANN
com Peter Kaminsky e Donna Gelb
Fotografia principal de William Hereford

Tradução de Bruno Fiuza

COMPANHIA DE MESA

*Quando criança, aprendi a linguagem das nuvens
Do vento, da floresta, das árvores, dos lagos.
Das geleiras dos Andes.
Sem que eu percebesse,
Essa paisagem se esgueirou para dentro de mim
E não saiu mais.*

*Um dia eu me lembrei de tudo e no chão, de joelhos,
recolhi essas memórias.
Elas eram minhas ferramentas
Forjadas nas brasas ainda incandescentes da lareira da minha infância
Juntos, encontramos meu jeito de cozinhar
Fogo, sempre o fogo.*

Francis Mallmann
La Isla, Patagônia

SUMÁRIO

Introdução:
De volta à horta 9
As faces do fogo 11
Meu fogo verde 15

BATATA 23

BATATA-DOCE 49

TOMATE 61

BERINGELA 77

ALCACHOFRA 93

BETERRABA 113

REPOLHO
(E SEUS PRIMOS) 127

CENOURA 157

MILHO 179

FUNCHO 197

GRÃOS 215

ABÓBORA E
ABOBRINHA 233

FRUTAS 249

COQUETÉIS 277

PREPAROS
BÁSICOS 291

Agradecimentos 305
Índice remissivo 306

INTRODUÇÃO:
DE VOLTA À HORTA

Quando eu tinha dezesseis anos, fui morar sozinho em uma casinha que aluguei em Bariloche, a cidade serrana onde havia crescido. Escolhi um canto especial, nos fundos da casa, para fazer uma horta. Preparei a terra e coloquei uma cerca baixa para proteger minhas plantas de coelhos vorazes. Instalei uma luz forte para que, quando eu me levantasse, às cinco da manhã, pudesse cuidar da horta antes de sair para o trabalho numa locadora de veículos. A horta era bem simples, comparada a outras: apenas cenoura, salsinha e algumas outras ervas, mas eu a protegia como se fosse um tesouro.

Hoje, passados quase cinquenta anos e depois de uma vida inteira ao pé do fogão, eu me lembro daquele adolescente e do que ele buscava: entender como as coisas nascem, crescem, envelhecem e morrem. Embora na minha juventude eu não tenha me dado conta disso, aquela horta foi o início de uma jornada interminável para desvendar os mistérios da vida.

Para aqueles que conhecem a minha culinária, pode ser uma surpresa que, depois de tantos anos de amor incondicional pela carne, eu agora esteja pedindo para que você me acompanhe à horta e se guie por um livro no qual as estrelas são receitas vegetarianas e veganas. Significa que desisti das costelas, das molejas cremosas e dos cordeiros no fogo de chão? Não. Mas, como aconteceu com muita gente, a consciência cada vez maior dos riscos que nossa época tem apresentado para a natureza me fez pensar minha culinária sob uma nova ótica.

Sendo um filho da Patagônia, uma terra repleta de felinos e condores, de *gauchos* cuidando de vastos rebanhos e de indígenas que caçavam guanacos (parentes das lhamas) e emas (os avestruzes da América), acho que jamais serei totalmente vegetariano. Ainda assim,

se quisermos sobreviver em nosso pequeno planeta azul, temos que abrir espaço para uma nova linguagem culinária, uma que não exija que destruamos as florestas tropicais para cultivar ração para gado nem que aprisionemos animais em fazendas industriais que os condenam a uma vida curta e violenta. Nada poderia estar mais distante do ambiente onde essas criaturas evoluíram, prosperaram e, em paralelo, nos serviram de sustento. Fico triste quando vejo o atual cenário, e isso aumentou profundamente minha admiração pelas diretrizes de muitos de meus amigos que seguem uma dieta à base de frutas e vegetais, grãos e castanhas. Talvez você não consiga acreditar, mas a minha refeição preferida — a julgar pela frequência com que a como — pode ser um prato de arroz basmáti com uma salada de repolho roxo (p. 130).

É claro que, assim como qualquer chef, sempre servi vegetais, mas também é justo dizer que eles costumavam ser mais coadjuvantes que protagonistas. Neste livro, eles desempenham o papel principal em uma jornada contínua de redescoberta. Meu objetivo é criar refeições para vegetarianos e veganos que sejam tão suntuosas e satisfatórias quanto um suculento T-bone ou uma truta rechonchuda saída de um riacho da montanha. Estou fascinado pela casquinha crepitante de uma rodela grossa de batata feita na *plancha* (chapa) com manteiga clarificada; pela cremosidade indescritível de uma beringela assada nas brasas de uma fogueira; pela doçura viva de um tomate bem maduro, confitado lentamente em azeite. As transformações provocadas pelas chamas, pelo carvão e pela fumaça em frutas e vegetais são uma verdadeira alquimia.

Neste livro, como sempre me aconteceu, as receitas nascem em sonhos, seguindo

unicamente a lógica do desejo. E, assim como nos sonhos, minhas lembranças de refeições, de familiares e amigos, de mentores e de amantes ocupam um lugar central por um momento, e se eu consigo ouvir com atenção, me guiam e ganham forma no encontro do fogo, do ferro e da comida. Conforme o tempo passa, cada novo acréscimo à minha família de receitas dá à luz uma casa cheia de filhos, netos... e assim por diante. As possibilidades beiram o infinito. Esses sonhos apontaram um caminho para mim, o caminho do *fogo verde*.

Esse retorno à horta não é tanto uma mudança de direção, mas um intenso aprofundamento do amor ao fogo que me acompanha pela vida inteira. Espero que você se inspire nestas receitas e não se acanhe em torná-las suas. Use-as como um farol, não como um dogma. Sempre acreditei que, para ser cozinheiros de verdade, precisamos dominar as técnicas, mas ao mesmo tempo estar atentos ao nosso espírito singular de rebeldia e irreverência. Se você prestar atenção, esse espírito é um fogo que queima dentro cada um de nós.

AS FACES DO FOGO

A comida tem um sabor melhor quando preparada ao ar livre. "Por quê?", você pode perguntar. Porque acredito que o prazer de cozinhar e comer é muito mais que uma questão de ingredientes em contato com as papilas gustativas. Ao ar livre, muitos outros elementos entram em cena: o vento, o cheiro dos pinheiros, da grama e das flores, o pôr do sol colorindo as colinas. Diante do fogo, esses elementos nos fazem sentir mais vivos e presentes.

Como descrever suficientemente bem a atração primordial que uma chama dançante exerce sobre o olhar? Igualmente sedutores são os aromas da cozinha que a fumaça da lenha carrega consigo; eles despertam algo dentro de nós. Nosso coração dispara e o espírito se acalma. Mesmo que você não esteja em um vale remoto nos Andes, mas em seu próprio quintal, ou em uma feira de rua na cidade, a comunhão da comida com o fogo de algum modo convoca todos esses sentimentos, da mesma forma que uma música evoca as memórias de um abraço, independentemente de quanto tempo tenha se passado.

Existem muitos bons chefs que podem fazer receitas lindas e complicadas, geralmente com a ajuda de uma brigada de cozinheiros prontos para cumprir cada ordem. Mas ainda mais elegante e autêntico, na minha opinião, é o cozinheiro solitário capaz de preparar algo simples com perfeição. O fogo é um mestre amoroso, desde que você se entregue ao processo.

Na Patagônia, fazemos uma fogueira no chão e sobre ela colocamos uma grelha ou uma *plancha*; para aquecê-la, empilhamos as brasas e, para diminuir a intensidade do calor, nós as espalhamos. Com frequência, fazemos outra fogueira ao lado para reabastecer as brasas em receitas que requerem longo tempo de cocção. Por segurança, gosto de cercar esse fogo com um anel de pedras. Esse método ancestral tem um grau de tecnologia baixíssimo, mas quando você aprender a ouvir a linguagem do fogo, vai descobrir que é possível ajustar o calor de forma quase tão eficaz quanto girar o botão do seu forno doméstico. Se quiser mais calor, coloque mais brasas. Para menos calor, deixe-as queimar ou retire parte delas. É verdade que você não pode acender um fogo à base de carvão a exatos 170°C — mas, honestamente, os ingredientes não vão saber a diferença se a temperatura estiver alguns graus acima ou abaixo. Cozinhar não exige precisão científica. Na culinária de fogo, em vez de ajustar o calor se guiando pelos desenhos de um botão, eu penso numa escala, que vai de "alto" até "muito baixo". Por sorte, nascemos com um medidor de temperatura embutido: nossas mãos. Se você colocar a palma da sua mão a uma distância segura do fogo ou da superfície de cozimento, poderá sentir a diferença entre calor intenso, moderado e suave. Não são necessários mostradores, medidores nem termômetros. Nada de equipamentos especiais. Menos é mais.

Logo você vai ter uma noção de quão quente está um fogo. Comece mantendo a mão cerca de dez centímetros acima da superfície de cozimento e conte. Quando fica muito quente depois de dois segundos inteiros, é calor alto. Usando esse método "agora ficou quente demais", as medidas abaixo dão uma boa orientação para medir o calor de um fogo. Tenha em mente que todos nós temos sensibilidades que variam.

2 segundos: fogo alto
3 a 4 segundos: fogo médio-alto
5 a 6 segundos: fogo médio
7 a 8 segundos: fogo médio-baixo
8 a 12 segundos: fogo muito baixo

Não apresse sua contagem. Você quer segundos inteiros. Na Argentina, contamos "*un matador, dos matador*" etc. Em português, você pode contar "mil e um, mil e dois".

MEU FOGO VERDE

Imagino que os primeiros churrasqueiros preparavam sua comida atravessando a carne com um espeto e pousando-a sobre uma chama. Embora esse seja um bom jeito para assar marshmallows ou salsichas, a humanidade desenvolveu métodos mais aprimorados para extrair o máximo de satisfação do encontro da comida com o fogo. Seja o calor radiante que vem direto do carvão, seja o difundido pelo ferro, o retido nas laterais de um forno ou o transferido para um caldeirão.

Ao cozinhar com lenha, certifique-se de usar madeiras duras, como o carvalho, o bordo, a cerejeira, a macieira ou a nogueira. Elas não se transformam em cinzas tão rápido quanto as mais macias. Pinho, abeto e eucalipto conferem sabores desagradáveis. Você também pode usar carvão, mas, sempre que posso, gosto da experiência de acender uma fogueira, olhar para as chamas, me perder em devaneios e antecipações. Assim, quando a madeira se transforma em carvão e está pronta, eu também estou.

Em situações em que é muito complicado usar o fogo a lenha, recorro ao carvão vegetal. Mesmo que o romance de cozinhar com fogo seja o aspecto das lenhas misturadas às brasas, fique à vontade para usar o carvão vegetal se for o melhor que estiver à sua disposição.

Por segurança e precaução, sempre tenha um balde de água, uma pá, um pouco de terra ou de areia e um extintor de incêndio por perto.

PLANCHA

Minha *plancha* se parece com uma mesinha de centro de ferro fundido. Eu a utilizo com mais frequência do que qualquer outro método. (Para a maioria das receitas, uma chapa ou frigideira posta sobre uma grelha funcionará bem.) A vantagem de se ter uma ampla área de cozimento significa que você pode aquecer diferentes partes dela a diferentes temperaturas — de certa forma, se você administra bem o seu fogo, uma *plancha* pode servir ao mesmo propósito que os vários queimadores em um fogão. Você pode selar coisas em fogo alto, como os TOMATES CHAMUSCADOS COM ALHO E TOMILHO (p. 70), ou cozinhar lentamente uma grossa fatia de beringela empanada até criar uma casquinha crocante e um interior cremoso (BERINGELA À MILANESA, p. 83). Você pode ajustar a temperatura adicionando mais lenha e carvão debaixo de uma parte da *plancha*, enquanto deixa que se transformem em brasa ou cinzas em outra parte. Depois de acender o fogo e aquecer a *plancha*, você pode aumentar rapidamente a temperatura jogando alguns gravetos nas brasas para fazer com que as chamas lambam o fundo da *plancha*.

Uma das vantagens do ferro fundido é que ele aquece de maneira uniforme e retém o calor. Isso se deve a sua espessura, bem como à natureza do ferro. Quer você esteja cozinhando dentro ou fora de casa, preaqueça o ferro fundido por cerca de dez minutos.

Embora você possa usar uma chapa ou frigideira grande de ferro fundido posta diretamente sobre a grelha de uma churrasqueira, prefiro usar a *plancha*, que tem uma superfície maior, e com isso tenho

acesso a uma variedade de temperaturas. Gosto até mesmo de manter uma área sem nenhum calor por baixo, para transferir os alimentos caso queira desacelerar ou interromper o cozimento.

Se houver alguém em sua região que fabrique portas, portões ou cercas de ferro fundido, você pode encomendar uma *plancha* de cerca de 76 cm × 76 cm, apoiada em quatro pés de 30 cm a 38 cm de altura.

CALDERO

A tradução do espanhol *caldero* é "caldeirão" — uma bela palavra, mas que para muita gente evoca imagens de bruxas mexendo um pote borbulhante com cogumelos, sapos e cobras. Um termo mais afável talvez seja "caçarola", uma panela de ferro fundido não esmaltada, com tampa, que eu uso para ferver, fritar, guisar e assar. Você pode colocá-la em uma grade sobre a brasa, com o fogo variando entre alto a suave. Para evitar que o óleo entre em combustão, a cama de brasas deve ocupar uma área ligeiramente menor que a do fundo do *caldero*. Você também pode deixá-lo ao lado do fogo, apenas para que se mantenha aquecido. O *caldero* é indispensável para sopas e grãos.

Tome sempre muito cuidado ao fritar em imersão — mesmo se estiver usando o *caldero* ao ar livre, é preciso ter cautela. Faíscas ou brasas podem levar o óleo a entrar em combustão, provocando um incêndio perigoso.

Tenha em mente que qualquer receita que peça um *caldero* pode ser preparada em uma caçarola de ferro fundido.

PARRILLA

A *parrilla* é a estrutura mais comum de cozimento a fogo na Argentina. Em sua forma mais simples, é uma grelha colocada sobre a brasa. Você pode fazer os preparos diretamente na *parrilla* ou intermediá-los com uma frigideira ou uma caçarola de ferro fundido.

É fácil montar uma dessas ao estilo argentino, bastam alguns blocos de concreto e uma grelha. Você também pode encomendar uma como a minha, de 91 cm × 76 cm e cerca de 23 cm de altura. Gosto da generosidade que uma *parrilla* desse tamanho tem. Ela oferece bastante espaço para preparar o que quer que seja. Se você amontoar legumes, eles vão cozinhar no vapor e ficar moles, em vez de crocantes e chamuscados. Quer você use lenha ou carvão, acho que o momento ideal para grelhar na *parrilla* é quando as brasas estão cobertas de cinzas brancas.

HORNO

Cozinhar em um *horno* adiciona um toque distinto, mas nunca predominante, de defumado a qualquer ingrediente. Esses fornos a lenha se tornaram mais populares e mais acessíveis desde que publiquei o livro *Sete fogos*. Eles são versáteis. Ao adicionar mais lenha, você alcança temperaturas altíssimas, para assar de maneira rápida e intensa. Ou, em vez disso, pode deixar a lenha arder até virar carvão, para assar mais devagar a uma temperatura menor e bem distribuída. Aproxime os alimentos do fogo, na parte de trás, para aproveitar melhor o calor radiante, ou logo na entrada, para obter o mesmo tipo de calor sem que a temperatura esteja tão alta. Com o tempo, você vai aprender a medir a temperatura apenas olhando para o fogo. Um termômetro de forno infravermelho barato serve como um guia rudimentar. Você vai precisar de uma pá comprida,

como aquela usada em pizzarias e padarias, para colocar os alimentos dentro do forno e movê-los para os pontos certos. Para aqueles que não tiverem um forno a lenha, todas as receitas informam temperaturas e tempos para o forno convencional.

RESCOLDO

Aprendi esse método com os vaqueiros da Patagônia — os *gauchos* —, que muitas vezes enterravam batatas nas brasas e cinzas quentes do fogo aceso no café da manhã e as deixavam cozinhar enquanto estavam fora com seus cavalos. Tudo o que é preciso são os restos de uma fogueira e qualquer ingrediente que você queira cozinhar — abóbora, beterraba, batata.

No *rescoldo*, é importante que haja uma mistura de cinzas quentes e algumas brasas incandescentes — até mesmo carvões — cobrindo os ingredientes, para que eles queimem lentamente por fora enquanto cozinham por dentro. Pode ser que você precise adicionar brasas e carvões de tempos em tempos para ir ajustando a temperatura sutil desse método.

"Mas a comida não fica com gosto de cinzas?", as pessoas costumam perguntar. Se você bater bem o pó de cima dos ingredientes e tirar a pele, não sobra cinza para contar história. Tem um velho ditado irlandês que diz: "É preciso comer um pouco de terra antes de morrer". Eu tenho a mesma opinião quanto às cinzas.

Sua churrasqueira Weber é uma grelha multiuso

Em minhas viagens pelos Estados Unidos, o instrumento mais usado para cozinhar no fogo que vi foi a popular churrasqueira de tampa arredondada. Você acende o fogo, espera que as brasas se apaguem e tem cerca de vinte minutos para cozinhar antes que a temperatura não esteja mais no ponto ideal. Em termos práticos, esse método tão difundido dificulta o ajuste da temperatura ou a adição de mais carvão. No entanto, com alguns acessórios você pode muito bem utilizar essa churrasqueira para as receitas deste livro. Qualquer frigideira ou chapa de ferro fundido colocada sobre a grelha servirá bem para muitas das receitas; uma grelha articulada com uma peça central removível permitirá que você coloque mais carvão diretamente sob a *plancha* para aumentar a temperatura. Um par de cestos para carvão posicionados dentro do perímetro da grelha permite adicionar carvões em ambos os lados da churrasqueira, para que ela funcione como um *horno*. Você pode colocar um termômetro de carne (não digital) nos orifícios da parte superior da churrasqueira para monitorar a temperatura. Ou, se você for maluco por tecnologia, existem termômetros digitais que podem interagir com seu celular. Pinças compridas, luvas de proteção ou pegadores de forno são a melhor forma de evitar queimaduras ao manusear alimentos na grelha, mover panelas e frigideiras, levantar a peça central removível ou as partes articuladas.

Acender o fogo

Está muito claro para mim que cozinhar com fogo é, em parte, um diálogo com a natureza. Quanto mais você se aprimora na leitura do vento, do clima, da sensação de um lugar, mais íntimo esse diálogo se torna. Enquanto escrevo essas palavras, estou em uma montanha na Patagônia, quase na fronteira com o Chile. É um dia frio, com um vento de oeste varrendo os altos picos. Eu me imponho sempre o desafio de acender uma fogueira com um único fósforo, então exploro a área em busca de ramos secos — principalmente grama e gravetos. Prefiro usar os materiais disponíveis na natureza. Uma vez que as chamas começam a subir, vou colocando os galhos maiores. Em momentos como esse, uma das minhas músicas preferidas muitas vezes passa pela minha cabeça, uma harmonia interior que ninguém além de mim é capaz de escutar. Hoje, como acontece muitas vezes, meu jukebox interno escolheu o "Adagietto", da *Sinfonia nº 5* de Mahler: tão terno, tão comovente.

BATATA

BATATAS AMASSADAS EM QUATRO VERSÕES 27

RODELAS DE BATATA NA *PLANCHA* 30

BATATAS BLACKJACK 33

BATATA ROSTI COM RACLETTE 36

BATATA RÚSTICA 39

SALADA DE TIRAS CROCANTES DE BATATA E SALSINHA COM CREME DE ALHO 40

VIVER NO LIMITE: TIJOLOS E PIRÂMIDES DE BATATA 42

HUEVOS A LA TRIPA 46

UMA DÍVIDA DE GRATIDÃO

De certa forma, posso dizer que as batatas — a grande dádiva dos Andes — marcaram um ponto de virada na minha carreira. Percebi isso em 1995. Meu trabalho estava indo às mil maravilhas. Eu já tinha dirigido uma escola de culinária de sucesso e tinha espectadores fiéis na televisão. Ao longo do caminho, abri alguns restaurantes que se saíram muito bem, embora, como todo mundo em meu país, tenha sido fustigado pelos ventos econômicos e políticos que iam e vinham. Na Patagônia, eu cozinhava de forma simples, com fogo, mas na sofisticada Buenos Aires a comida do meu restaurante era uma espécie de versão argentina da alta cozinha europeia.

Eu estava um pouco entediado.

Mas eis que as mãos da Providência (e as batatas) surgiram quando fui informado de que havia recebido o Grand Prix da prestigiosa Académie Internationale de la Gastronomie — o primeiro sul-americano a ser distinguido pelo grupo que havia concedido a mesma honraria a lendas da culinária como Alain Ducasse e Ferran Adrià.

O que fazer para um jantar que vai reunir tal assembleia de semideuses?, eu me perguntei. Com certeza, eles não tinham olhado para mim pensando no que eu sabia fazer com uma lagosta à Thermidor ou com um foie gras. Não havia nada tipicamente sul-americano naquele tipo de comida, e eu tinha sido convidado, supunha eu, por ser tipicamente sul-americano. Então, em um momento de reflexão, um pensamento

chacoalhou em minha alma: uma única palavra... "batatas".

Todo filho ou filha da Patagônia sabe que esse humilde tubérculo, desencavado da terra, é o alimento que uniu as culinárias dos povos que viviam à sombra dos Andes: das margens da Terra do Fogo às terras altas do Peru. Até hoje, os incas deixam as batatas congelarem no ar frio da montanha e depois as descongelam sob o sol escaldante (uma técnica ancestral de liofilização). Mais próximo do lar da minha infância, em Bariloche, os antigos mapuches as cozinhavam no estilo *curanto*: enterradas em fogueiras cheias de pedra e terra, junto com pernil de lhama e espigas de milho na casca. Após a refeição matinal nos pampas, os *gauchos* jogavam algumas batatas sobre as cinzas da fogueira para cozinharem lentamente (na técnica que chamamos de *rescoldo*), até obterem uma cremosidade defumada, talvez para serem comidas no almoço com uma colherada de chimichurri. E, claro, minha mãe sabia bem que suas batatas fritas crocantes e douradas eram capazes de amansar o apetite de seus filhos travessos.

Para minha refeição no Grand Prix, resolvi apresentar as batatas para os gastrônomos que se reuniriam no Schlosshotel Kronberg, situado num castelo típico de conto de fadas nos arredores de Frankfurt, na Alemanha. Para colocar o plano em prática, enviei meu subcomandante, Germán Martitegui (que hoje é um chef de renome internacional) para

24   FOGO VERDE

Cuzco, a antiga capital do Império Inca. Sua missão: comprar meia tonelada de batatas andinas, das mais diferentes variedades disponíveis no mercado da cidade: vermelhas, amarelas, laranja, roxas.

O jantar foi um enorme sucesso. O presidente da academia declarou que havia sido "Uma refeição preparada por anjos!".

Essa experiência mudou minha vida radicalmente. Naquele momento, decidi simplificar minha comida e abraçar a herança patagônica de cozinhar com fogo. Dei adeus aos molhos complicados, aos legumes cortados em cubos com precisão atômica, às composições rebuscadas que faziam o convidado se perguntar se deveria comer aquele prato posto diante dele ou emoldurá-lo para ser pendurado em um museu. Fiz um regresso às raízes incandescentes da culinária andina. E tenho me dedicado a ela desde então.

Tenho, portanto, uma enorme dívida de gratidão com a batata.

MENU

Batata Amarela Andina Amassada com Caviar

Causa Limeña com Avocado e Tomate
(*salada de batata peruana com pimenta, abacate e tomate*)

Confit de Salmão em Batata

Purê de Batata com Confit de Cordeiro, Pato e Lagostim

Suflê de Batata e Mascarpone com Frutas Vermelhas, Hortelã e Pimenta

Sorvete de Batata com Laranja e Ameixa

BATATAS AMASSADAS EM QUATRO VERSÕES

Esta receita é uma das minhas assinaturas mais antigas. A superfície achatada de uma batata amassada faz com que haja uma grande área crocante, à medida que ela cozinha na *plancha*. Às vezes, não faço nada além de cozinhar a batata em água, amassá-la e passá-la na *plancha*. Fica ótima quando finalizada com uma crosta de ervas e especiarias (veja as variações a seguir).

Batatas Idaho (também chamada de russet) de pequenas a médias funcionam melhor porque são bastante ricas em amido e mantêm sua forma quando você as esmaga. Você vai reparar que acrescento azeite e vinagre à água do cozimento, acho o sabor e a textura resultantes disso sensacionais. Se as batatas se desmancharem nas bordas ao serem amassadas, basta juntar os pedaços novamente. Você pode cozinhá-las e passá-las na *plancha* com antecedência, e depois levá-las à *plancha* (ou ao forno) na hora de servir.

Os *toppings* apresentados (pp. 28-9) são os que eu uso com mais frequência, mas se você pensar em outros temperos, pastas ou coberturas... vá em frente. Ao usar pastas ou temperos secos, grelhe as batatas dos dois lados, como na receita principal. Espalhe uma colherada da pasta ou do tempero sobre as batatas, depois leve-as de volta à *plancha* quente untada com azeite por 1 ou 2 minutos, tomando cuidado para os temperos não queimarem. Para servir, transfira-as para uma travessa com o lado do tempero para cima.

Rende 4 porções

4 batatas russet médias, lavadas
Sal grosso
2 colheres (sopa) de vinagre de vinho tinto
6 colheres (sopa) de azeite de oliva extravirgem, mais um pouco para a assadeira e para a *plancha*

1 folha de louro
¼ de colher (chá) de grãos inteiros de pimenta-do-reino preta
2 colheres (sopa) de manteiga sem sal, ou mais, conforme necessário, cortada em cubinhos (opcional)
Flor de sal

Prepare um fogo médio-alto e aqueça a *plancha*. (Ou, se estiver cozinhando dentro de casa, use uma chapa grande de ferro fundido.)

Enquanto isso, coloque as batatas em uma panela grande, encha com água fria até cobri-las e tempere com sal. Adicione o vinagre, 2 colheres (sopa) de azeite, a folha de louro e os grãos de pimenta. Espere ferver e, em seguida, ajuste o fogo para que as batatas cozinhem em um fervilhar suave por cerca de quinze minutos ou até que estejam totalmente macias quando espetadas. Escorra e espere esfriarem o suficiente para serem manuseadas, sem deixar que esfriem completamente, caso contrário, elas vão se quebrar quando amassadas.

Unte uma assadeira com azeite. Coloque uma batata morna em um pano de prato limpo sobre uma superfície plana. Cubra com outro pano de prato limpo. Com a palma da mão, achate lenta e uniformemente a batata entre os panos. Usando uma espátula larga e fina, transfira a batata para a assadeira untada e repita o processo com as batatas restantes. Espalhe as 4 colheres (sopa) restantes de azeite uniformemente sobre as batatas.

Pincele a *plancha* quente com azeite (se estiver cozinhando dentro de casa, aqueça a chapa em fogo médio-alto e depois pincele com o azeite). Quando o óleo começar a chiar, vire cuidadosamente as batatas sobre a *plancha*, com o lado untado para baixo, e as grelhe sem mexer, até que a parte de baixo fique crocante, por cerca de 5 minutos. Transfira-as de volta para a assadeira untada e pincele a parte de cima com azeite.

Pincele a *plancha* ou a chapa quente com mais azeite. Deslize a espátula sob uma batata crocante e, com um movimento rápido, vire-a sobre a *plancha* para grelhar o outro lado. Repita o movimento com as batatas restantes, mexendo-as o mínimo possível enquanto grelham. A essa altura, você pode despejar mais azeite ou acrescentar cubinhos de manteiga em torno das batatas para ajudar a deixá-las crocantes. Deve levar de 5 a 7 minutos para que fiquem bonitas e crocantes. Quando estiverem prontas, transfira-as para uma travessa, tempere com flor de sal e sirva imediatamente.

VARIAÇÕES

PIMENTÕES GRELHADOS

Pimentões chamuscados da cidade espanhola de Padrón são um tipo popular de tapa. A diversão é adivinhar qual dos pimentões, em sua maioria suaves, será eventualmente o mais picante. Mais recentemente, as pimentas *shishito* chamuscadas, com características semelhantes, mas mais fáceis de serem encontradas, começaram a aparecer nos menus de todos os lugares. Aqui temos uma combinação de pimentas *shishito* fatiadas e pimentões suaves misturados com raspas de limão-siciliano, que dão às batatas um toque poderoso de sabor e cor.

Rende 4 porções

60 g de pimentões doces pequenos ou pimentas *shishito*

¼ de xícara (13 g) de folhas picadas de salsinha fresca

1 colher (chá) de casca de limão-siciliano ralada

Enquanto as batatas estiverem tostando, corte as pimentas ou os pimentões e doure-os na *plancha* ou na chapa quente untada com azeite. Tempere com a salsinha e as raspas de limão e espalhe por cima das batatas crocantes.

GREMOLATA DE CÚRCUMA, CARDAMOMO, COENTRO E AMÊNDOAS

Com inspiração no Oriente Médio, no Norte da África e na Índia, esses sabores são fortes, pungentes e marcantes. Se você tiver uma mistura de especiarias esquecida no armário com a qual não sabe o que fazer, reative-a com um pouco de azeite e faça um teste.

Rende 4 porções

1 colher (chá) de sementes de cardamomo (extraída de 1 colher de sopa cheia de bagas), esmagadas

1 colher (chá) de sementes de coentro, esmagadas

1 colher (sopa) de cúrcuma em pó

1 colher (chá) de alho picado

2 colheres (sopa) de amêndoas picadas

3 colheres (sopa) de óleo vegetal

Sal grosso

Esmague as especiarias e o alho em um pilão. Acrescente as amêndoas, esmagando-as um pouco, mas não completamente, e misture óleo vegetal o suficiente para formar uma pasta. Tempere com sal a gosto.

Enquanto as batatas estiverem tostando, espalhe uma colherada da pasta de especiarias sobre elas. Vire o lado temperado para baixo e deixe tostar até que a pasta fique perfumada e crocante, por 1 a 2 minutos, tomando cuidado para que as especiarias não queimem. Transfira as batatas para uma travessa com o lado temperado para cima.

PÓLEN DE FUNCHO, ERVA-DOCE, ALECRIM E ALHO

Uma das grandes maravilhas da comida de rua italiana é essa mistura de temperos usada no preparo de um rolo de carne de porco assada (*porchetta*), mas não há razão para que os vegetais também não se beneficiem dessa poderosa combinação. O pólen de funcho é o astro desta receita. Ele transforma todos os ingredientes da pasta em um manto delicadamente aromático com uma cor linda.

Rende 4 porções

1 colher (sopa) de alecrim fresco picado
1 colher (sopa) de sementes de erva-doce
2 colheres (sopa) de pólen de funcho
1 colher (sopa) de alho, picado
Azeite de oliva extravirgem

Esmague o alecrim, as sementes de erva-doce, o pólen de funcho e o alho em um pilão. Acrescente azeite suficiente para obter uma pasta espessa.
    Enquanto as batatas estiverem tostando, espalhe uma colherada da pasta sobre elas. Vire o lado temperado para baixo e deixe tostar apenas até que a camada de especiarias fique perfumada e crocante, por 1 a 2 minutos, tomando cuidado para que os temperos não queimem. Transfira as batatas para uma travessa, com o lado temperado para cima.

RODELAS DE BATATA NA *PLANCHA*

Muita gente acha que cozinhar com fogo exige uma temperatura intensa, como a de uma fornalha, quando na verdade o calor constante de um fogo baixo pode proporcionar sabores e texturas sutis usando apenas alguns ingredientes. Cozinhar uma batata e depois assá-la lentamente, como um botão de rosa se abrindo à luz do sol — ou assim me parecia quando eu era criança — era o segredo da cozinha da minha avó Tata. (Seu nome completo era Mercedes Sanchez Ponce de Leon.) Aqui, eu corto as batatas cozidas em pequenos "bifes", e a sua união quase mágica com a *plancha* e a manteiga cria a crosta mais deliciosa e elegante que você pode imaginar.

Rende 4 porções

4 batatas russet médias, lavadas

Sal grosso

Azeite de oliva extravirgem, para a *plancha*

4 colheres (sopa) de manteiga sem sal, cortadas em cubinhos

Flor de sal

Prepare um fogo médio-baixo e aqueça a *plancha*. (Ou use uma ou mais chapas ou frigideiras grandes de ferro fundido, se estiver cozinhando dentro de casa.)

Coloque as batatas inteiras em uma panela grande, encha com água fria até cobri-las, tempere com sal e leve para ferver em fogo médio-alto. Reduza o fogo e deixe as batatas cozinharem em um fervilhar suave por cerca de 12 minutos, até ficarem macias quando espetadas, mas ainda bem firmes. Escorra e corte as batatas em rodelas de cerca de 1,25 cm de espessura.

Pincele a *plancha* quente com azeite (se estiver cozinhando dentro de casa, aqueça a chapa em fogo médio-baixo e depois pincele com azeite).

Quando o azeite começar a chiar, coloque as batatas sobre a *plancha* formando uma única camada, sem sobreposição. Pegue metade da manteiga e coloque-a entre as batatas e nas bordas, para que derreta junto às batatas à medida que elas douram. Deixe tostar assim por cerca de 5 minutos. Vire as batatas, espalhe o restante da manteiga pela *plancha* ou chapa e deixe dourar do outro lado, por mais 3 a 5 minutos. Tempere com flor de sal e sirva imediatamente.

BATATAS BLACKJACK

Alguns anos atrás, eu estava gravando um programa no lado chileno dos Andes, em um local remoto em que ventava muito, onde os únicos vizinhos eram ocasionais condores-dos--andes — aves gigantes que projetavam uma sombra do tamanho de um monomotor quando planavam e voavam sobre as nossas cabeças. Meu equipamento era da mais baixa tecnologia: apenas uma *plancha* com um fogo por baixo e um galho de árvore para me ajudar a incliná-la e deixar a gordura escorrer. Chamo esta receita de BATATAS BLACKJACK porque a forma como as finas fatias de batata são colocadas na *plancha* me lembra o modo como os crupiês em um cassino distribuem uma mão de cartas no blackjack. A redução de creme de leite com cebola salteada e sálvia cria uma cobertura sedosa e saborosa para as batatas.

Rende 4 porções

Cerca de 6 colheres (sopa) de azeite de oliva extravirgem, mais um pouco, se necessário

1 cebola em fatias finas

680 g de batatas russet, lavadas e cortadas em fatias finas na mandolina

2 dentes de alho espremidos

6 folhas grandes de sálvia fresca rasgadas grosseiramente

¼ de xícara (60 ml) de creme de leite fresco

Sal grosso e pimenta-do-reino preta moída na hora

Acenda um fogo médio-baixo e aqueça a *plancha*. Se estiver cozinhando dentro de casa, aqueça uma chapa ou uma frigideira grande de ferro fundido em fogo médio-baixo.

Pincele a *plancha* ou a chapa com o azeite e espalhe as rodelas de cebola sobre a superfície quente. Acrescente outra colher (sopa) de azeite e deixe refogar, virando de vez em quando, até dourar a cebola, por cerca de 5 minutos. Transfira para uma travessa e reserve.

Enquanto isso, passe azeite em uma outra área da *plancha* e forre uma assadeira com papel-toalha.

Espalhe as fatias de batata sobre a *plancha* como um crupiê distribuindo cartas em uma mesa de blackjack (trabalhe em mais de uma leva, se necessário), de modo que cada fatia fique totalmente em contato com a superfície quente. As batatas ficarão translúcidas rapidamente, e você vai reparar que as fatias começam a borbulhar no centro. De 4 a 5 minutos depois, quando começarem a dourar, vire-as e toste-as por mais alguns minutos, até que as batatas estejam douradas e cozidas, com grandes manchas marrons crocantes. Transfira-as para a assadeira forrada assim que estiverem prontas. Vá colocando mais azeite na *plancha* conforme necessário.

Traga a cebola de volta para a *plancha* ou para a frigideira e acrescente o alho, a sálvia e o creme de leite, esmagando a cebola no creme até engrossar ligeiramente. O aroma de alho e sálvia será bastante sedutor. Adicione as batatas e deixe cozinhar por mais ou menos 1 minuto, misturando-as com a cebola. Tempere a gosto com sal e pimenta. Usando duas espátulas largas, transfira tudo para uma travessa e sirva imediatamente.

A personalidade das batatas

Se você observar as batatas com um olhar estético, concordo que não haja muito nelas que chame a atenção de um amante das artes plásticas. Eles são desproporcionais, irregulares e cheias de sujeira. Imagino que, quando uma coisa passa toda a sua vida debaixo da terra, não há necessidade de ter cores brilhantes nem formas sedutoras. Mas é quando cozinhamos uma batata que muitas oportunidades de expressão artística surgem. Uma batata cozida pode ser crocante, sequinha e cremosa. Pode absorver fumaça, sal, azeite, manteiga, pimenta, alho e a essência das ervas e das especiarias. De forma ainda mais milagrosa, uma batata pode fazer todas essas coisas ao mesmo tempo em uma única receita.

Foram essas múltiplas personalidades que me estimularam, desde sempre, a explorar novas formas de trazer à tona suas inúmeras qualidades ao cozinhar com fogo. Padeiros costumam falar sobre a relação da casca com o miolo. Uma baguete tem bastante casca em comparação ao volume de miolo aerado que há dentro, e um pãozinho ainda mais, ao passo que um pão de campanha tem um miolo mais macio e abrangente. Da mesma forma, uma batata frita em palitos tem muita casca, e uma batata frita em rodelas tem ainda mais, enquanto minhas batatas amassadas (p. 27) têm um interior cremoso, mas casquinha o suficiente para satisfazer a universal atração que temos por coisas crocantes. Ao longo dos anos, descobri que, ao experimentar com a forma e a disposição dos pedaços de batata em uma *plancha*, em um forno ou em uma churrasqueira, é possível produzir infinitas variações no espectro que vai do crocante ao cremoso. Vá em frente e brinque com as suas batatas.

BATATA ROSTI COM RACLETTE

Se eu lhe perguntasse qual é sua comida suíça predileta, você poderia muito bem responder queijo suíço ou chocolate quente, que são, claro, maravilhosos. Para mim, porém, a panqueca de batata ralada conhecida como rosti leva o prêmio. Na minha infância, era um clássico de quando os montes de neve em nossa cidade, Bariloche, pareciam estar da altura de um cavalo, e conseguiam interromper qualquer que fosse a brincadeira que eu e meu irmão estivéssemos fazendo na neve. Em minha casa, hoje, costumo servi-la com uma salada crocante de radicchio e endívias com um vinagrete de mostarda pungente.

Rale as batatas antes de colocá-las na *plancha* e sirva o rosti quente e crocante, coberto de queijo derretido. Raclette é tanto o nome da receita quanto do tipo de queijo que costumamos comer em um almoço pós-esqui em Bariloche, meu preferido, mas qualquer queijo levemente picante (gruyère, comté) serve.

Nota: O truque para deixar a batata rosti do jeito certo é achar aquele ponto abençoado de fogo baixo, no qual o interior cozinha enquanto a parte de fora frita. Se o fogo estiver muito alto, você vai acabar com uma casquinha crocante e a parte de dentro crua. Vá com calma!

Rende 1 rosti grande (serve 4 pessoas)

4 batatas russet médias sem casca

Azeite de oliva extravirgem

4 colheres (sopa) ou um pouco mais de manteiga sem sal cortada em cubinhos

2 colheres (sopa) de cebolinha picada

4 endívias médias com a base aparada

1 pé de radicchio cortado ao meio e com a base aparada

MEU VINAGRETE BÁSICO (p. 292)

1 pedaço grande de queijo raclette (de pelo menos 350 g)

Prepare um fogo médio-baixo e aqueça a *plancha*. Se estiver cozinhando dentro de casa, aqueça uma chapa ou uma frigideira grande de ferro fundido em fogo médio-baixo.

Rale as batatas. Seque-as bem.

Unte generosamente a *plancha* com azeite. Coloque 2 colheres (sopa) de manteiga na superfície quente, espere derreter, e faça um montinho com as batatas raladas. Com uma espátula larga, alise-as delicadamente até obter uma camada uniforme de cerca de 2 cm de espessura. Deixe cozinhar bem devagar até formar uma crosta dourada na parte de baixo, por cerca de 12 minutos, pressionando as batatas de vez em quando. Adicione mais alguns cubinhos de manteiga nas bordas, se parecer uma boa ideia. Solte o rosti com a espátula, deslize-o para um prato raso grande ou para uma assadeira sem borda e derreta as 2 colheres (sopa) restantes de manteiga na *plancha* ou na chapa quente. Cubra a batata com outro prato grande e vire-a de volta sobre a manteiga na *plancha* para cozinhar o outro lado, por mais 10 a 12 minutos. Quando ela estiver crocante por fora e cozida por dentro, transfira-a para uma travessa e mantenha aquecida. Espalhe as cebolinhas sobre a batata.

Enquanto o rosti estiver cozinhando, corte as endívias e o radicchio em tiras largas e coloque em uma saladeira. Pouco antes de servir, misture a salada com o vinagrete.

Para servir, derreta o queijo aos poucos sobre o fogo, raspando-o sobre as batatas com uma espátula. Se estiver cozinhando dentro de casa, corte o queijo em fatias grossas e use outra frigideira ou chapa de ferro fundido para derretê-lo lentamente.

Corte o rosti em fatias à mesa e sirva com a salada à parte.

BATATA RÚSTICA

Uma batata cozida é suave ao paladar. Já uma batata frita não pode deixar de ser crocante. Esta receita é sobre as duas coisas. Primeiro cozinho as batatas, depois as corto, desfaço e frito. Ao desfazer uma batata, você obtém centenas de pequenas ranhuras que ficarão crocantes. Todos esses pequenos sulcos na batata quebrada criam uma espécie de refrão de textura, seguido por uma delicada cremosidade à medida que você morde: indiscutivelmente o melhor dos dois mundos.

Rende 4 porções

4 batatas russet médias lavadas

Sal grosso

Cerca de 8 xícaras (2 litros) de óleo (de preferência um misto de azeite e óleo vegetal), para tostar

Flor de sal

1 maço de ciboulette, picada

Limão-siciliano cortado em gomos, para servir

Prepare um fogo médio e coloque uma grelha sobre ele. Pegue uma panela grande e funda de ferro fundido, como um *caldero* ou uma caçarola.

Enquanto isso, coloque as batatas em outra panela, encha com água fria até cobri-las e acrescente sal. Forre uma assadeira com um pano de prato limpo. Deixe a água ferver e cozinhe as batatas em fogo médio por cerca de 12 minutos, até que estejam macias, mas ainda firmes.

Escorra-as, seque-as e deixa-as descansar na assadeira forrada até que estejam frias o suficiente para serem manuseadas. Com a ponta de uma faca pequena, parta as batatas em pedaços rústicos, mas de tamanho similar — de 2,5 cm ou um pouco maiores. Depois de cortadas em pedaços, deixe as batatas secarem mais por cerca de 15 minutos.

Forre uma segunda assadeira com papel-toalha, separe uma escumadeira comprida e outra tigela de servir com um guardanapo.

Despeje óleo suficiente no *caldero* ou na panela funda de ferro fundido — encha, no máximo, até a metade. Aqueça sobre a grelha (ou no fogão, em fogo médio) até que um termômetro marque 180°C ou até que o óleo comece a chiar e borbulhar ao redor de um pequeno pedaço de batata usado como teste.

Adicione as batatas em pequenas levas e toste por 1 a 2 minutos, até que estejam douradas e bem crocantes. Tente manter a temperatura do óleo estável, de modo que as batatas fiquem crocantes sem ficarem encharcadas, mas não as deixe queimar. Quando as batatas estiverem prontas, retire-as com a escumadeira e coloque-as na assadeira forrada com papel-toalha para escorrer bem. Depois de escorridas, transfira as batatas para a tigela forrada com o guardanapo, tempere a gosto com flor de sal e espalhe a ciboulette por cima. Sirva imediatamente, com as fatias de limão ao lado para serem espremidas sobre as batatas.

SALADA DE TIRAS CROCANTES DE BATATA E SALSINHA COM CREME DE ALHO

A ideia para esta receita nasceu em uma tarde em que eu estava vagando pelo Greenwich Village, em Manhattan — um bairro charmoso de prédios baixos que, apesar de ter se tornado a Meca das locações cinematográficas, ainda conserva muito do sabor dos imigrantes italianos que se estabeleceram lá há mais de um século. Pequenos restaurantes de um salão só são a regra. Um dos meus favoritos é o Mary's Fish Camp. Eu adoro as batatas fritas deles, levemente temperadas com vinagre. Eu tinha essas batatas picantes em mente quando sonhei com esta salada. Ao contrário das inúmeras versões que você pode deixar preparada de antemão, esta salada precisa ser servida imediatamente, enquanto as ervas ainda estão frescas e as batatas crocantes e envolvidas pelo creme de alho.

Rende 4 porções

½ xícara (120 ml) de creme de leite fresco

1 colher (chá) de alho picado finamente

2 batatas russet grandes lavadas

Azeite de oliva para tostar

2 xícaras (60 g) de folhas de salsinha fresca

Vinagre de vinho tinto

Flor de sal

Prepare um fogo médio e coloque uma grelha sobre ele. Aqueça uma panela grande e funda de ferro fundido, como um *caldero* ou uma caçarola.

Misture o creme de leite com o alho em uma panela bem pequena e cozinhe em fogo médio, até reduzir pela metade. Despeje a mistura em uma tigela e deixe esfriar.

Apare as batatas em formato de tijolo (p. 42), corte-as transversalmente ao meio e, em seguida, faça tiras bem finas no sentido longitudinal. Elas devem ficar com cerca de 3 mm de espessura, 2 cm de largura e 5 a 7 cm de comprimento. Mantenha as tiras em uma tigela com água fria se cortá-las com antecedência, mas escorra e seque-as bem com um pano de prato antes de despejá-las no óleo quente.

Despeje o azeite no *caldero* ou na panela funda de ferro fundido — encha, no máximo, até a metade — e afixe um termômetro de fritura na lateral. Coloque o *caldero* ou a panela sobre a grelha (ou, se estiver cozinhando dentro de casa, leve ao fogão em fogo médio). Forre uma assadeira com papel-toalha e deixe-a por perto para ir transferindo as batatas. Quando o azeite estiver quente o suficiente para chiar e borbulhar em torno de uma tira de batata (cerca de 180°C), coloque com cuidado um punhado grande de batatas e frite-as até que estejam douradas e crocantes, por cerca de 2 minutos. Tenha cuidado para não deixar o azeite esquentar demais, caso contrário, elas vão queimar muito rápido. Se as batatas ficarem aglomeradas, afaste-as usando uma escumadeira comprida. Quando estiverem prontas, use a escumadeira para transferi-las para a travessa com papel-toalha para escorrerem.

Enquanto isso, adicione a salsinha ao creme de alho e misture bem.

Quando as batatas estiverem prontas, tempere-as com vinagre a gosto e, em seguida, coloque-as delicadamente em uma travessa ou em pratos individuais junto com a salsinha temperada. Misture delicadamente as camadas com as mãos para cobrir ligeiramente as batatas com o creme sem quebrá-las. Finalize com a flor de sal e sirva imediatamente.

VIVER NO LIMITE: TIJOLOS E PIRÂMIDES DE BATATA

Quando você tira uma batata da terra, a forma dela é basicamente não ter forma nenhuma — é apenas uma coisa arredondada. Mas se você a apara no formato de um tijolo ou pirâmide (p. 45), obtém superfícies planas — faces — e bordas. Ao cozinhar essas batatas bem lentamente no forno, as bordas ficam crocantes, as superfícies planas ganham diversos tons de dourado, e o interior fica quebradiço. O resultado, em uma receita, é o espectro completo de cores e texturas que a batata pode oferecer. Esses tijolos são uma homenagem à minha avó Tata, embora ela nunca tenha se dado ao trabalho de cortar as batatas com tal precisão. Acho que a técnica é apenas meu instinto naturalmente rebelde tentando impor ordem ao caos do formato das batatas. Ultimamente, eu também tenho cortado as batatas em forma de pirâmide, quando estou inspirado. Gosto de brincar com formas e sempre procuro um meio de introduzir um choque de estética, sabores e texturas na experiência de uma refeição — um pouco de Wagner sobre uma melodia de Mozart, por assim dizer. Não é preciso talher, a propósito; essas batatas ficam melhores se comidas à mão.

Notas:

- *As batatas descascadas podem ser guardadas na geladeira, cobertas por água em uma tigela, por um dia ou dois. Você também pode cozinhar as batatas pela metade do tempo com algumas horas de antecedência e finalizá-las pouco antes de servir.*
- *Para deixar esta receita vegana, use azeite em vez de manteiga.*

TIJOLOS DE BATATA

Rende 4 porções

4 batatas russet grandes, lavadas

1 xícara (240 ml) de MANTEIGA CLARIFICADA (p. 298) ou azeite de oliva extravirgem, mais um pouco, se necessário

1 maço de ciboulette, picada

Flor de sal

Preaqueça o *horno*, ou o forno doméstico, a 190°C.

Coloque uma batata de lado sobre uma superfície plana e corte as pontas. Em seguida, corte os quatro lados de forma completamente plana, para formar um tijolo. Apare qualquer resto de casca. Corte o tijolo ao meio no sentido da largura, e depois cada metade em dois no sentido do comprimento, de modo a obter quatro tijolos idênticos de cada batata. Coloque-os em uma tigela grande com água fria e repita com as batatas restantes.

Escorra os tijolos e seque-os por completo. Seque a tigela, coloque a manteiga ou o azeite nela e volte com os tijolos de batata, mexendo-os para que fiquem bem revestidos de todos os lados. Disponha-os em uma assadeira deixando cerca de 2,5 cm de distância entre cada tijolo e

asse por cerca de 40 minutos, até que os tijolos estejam bem dourados nas bordas e macios por dentro. Na metade do tempo, vire a assadeira e agite-a um pouco para soltar as batatas que estiverem grudando e regue com mais manteiga ou azeite que tenham restado na tigela. Se estiver cozinhando dentro de casa, aumente a temperatura do forno no final do tempo de cozimento, se necessário, e use a convecção, para ajudar a deixá-las mais douradas.

Transfira os tijolos de batata para uma travessa e finalize com a cebolinha e a flor de sal.

PIRÂMIDES

Cortar batatas em pirâmides é mais trabalhoso que cortá-las em tijolos, mas você obtém uma apresentação mais impactante. As aparas podem ser assadas separadamente em uma travessa com azeite, alho e ervas, como um brinde para o cozinheiro.

Rende 4 porções

12 batatas russet médias
1 xícara (240 ml) de MANTEIGA CLARIFICADA (p. 298) ou azeite de oliva extravirgem, mais um pouco, se necessário
2 colheres (sopa) de folhas de tomilho fresco
Flor de sal

Preaqueça o *horno*, ou o forno doméstico, a 190°C.

Coloque uma batata de lado sobre uma superfície plana e corte as pontas. Em seguida, corte os quatro lados de forma completamente plana, para formar um tijolo. Partindo de um dos dois lados menores do tijolo, faça cortes longitudinais em ângulo de modo a formar uma pirâmide de quatro lados (ver fotos na p. 43)

e coloque a pirâmide aparada em uma tigela grande com água fria para que não escureça. Se for usar as aparas, mantenha-as em uma tigela com água à parte. Repita com as batatas restantes.

Quando o forno estiver quente, escorra as batatas e as seque bem, assim como a tigela vazia. Adicione a manteiga (ou o azeite) e o tomilho à tigela e, com as mãos, misture com delicadeza as pirâmides de batata até que fiquem completamente cobertas.

Disponha as batatas lado a lado em uma assadeira, sem encher demais. Regue-as generosamente com o restante da manteiga ou do azeite da tigela e tempere com flor de sal a gosto. Asse por cerca de 1 hora, girando a assadeira de vez em quando e acrescentando mais manteiga ou azeite conforme necessário, até que as batatas estejam macias por dentro e as bordas estejam bem douradas e bem crocantes. Se necessário, você pode mover as batatas para mais perto do fogo ao final do tempo de cozimento, para dourar melhor. Se estiver cozinhando dentro de casa, aumente a temperatura do forno no final, se necessário, ou use a convecção, para ajudar a deixá-las mais douradas.

HUEVOS A LA TRIPA

Esta é a minha versão à lenha de uma *comfort food* clássica francesa que minha mãe costumava preparar em Bariloche. Servi no meu primeiro restaurante lá, quando tinha dezenove anos. Não se assuste com a palavra "tripa", que soa como um paradoxo em um livro vegetariano: nesta receita, ela se refere à textura ao mesmo tempo firme e macia das rodelas de cebola. Aconselho fortemente que este prato seja degustado junto ao fogão a lenha depois de algumas horas de esqui de fundo, acompanhado de uma taça de vinho branco. É difícil saber ao certo se as gemas ainda estarão moles ou não na hora de servir. Se elas estiverem duras, mesmo assim é delicioso. Se estiverem moles, porém, é divino.

Rende 4 porções

4 batatas russet grandes, sem casca e cortadas em 6 pedaços cada

Sal grosso

3 colheres (sopa) de manteiga sem sal

Pimenta-do-reino preta moída na hora

Noz-moscada ralada na hora

1 colher (sopa) de azeite de oliva extravirgem

2 cebolas grandes, em rodelas

PARA O MOLHO BECHAMEL

2 colheres (sopa) de manteiga sem sal

2 colheres (sopa) de farinha de trigo comum

2 xícaras (480 ml) de leite integral

Sal grosso e pimenta-do-reino preta moída na hora

Noz-moscada ralada na hora

2 gemas (guarde as claras para outro preparo)

PARA FINALIZAR

1 colher (sopa) de manteiga sem sal

4 gemas (guarde as claras para outro preparo)

2 xícaras (200 g) de queijo parmesão ralado na hora

Preaqueça o *horno*, ou o forno doméstico, a 250°C.

Coloque as batatas em uma panela, acrescente água fria até cobri-las, tempere com sal e leve para ferver em fogo médio. Cozinhe em um fervilhar suave por cerca de 15 minutos, até que estejam bem macias. Escorra em uma peneira e volte com elas para a panela. Adicione 2 colheres (sopa) de manteiga e amasse até formar um purê. Tempere a gosto com sal, pimenta e uma pitada muito pequena de noz-moscada. Reserve.

Coloque o azeite e o restante da manteiga em uma frigideira em fogo médio. Quando a manteiga derreter, acrescente as cebolas. Refogue-as por cerca de 5 minutos, mexendo de vez em quando, até ficarem douradas. Retire a frigideira do fogo antes que as cebolas fiquem completamente moles.

Para o bechamel, derreta a manteiga em uma panela em fogo médio-baixo. Junte a farinha e cozinhe o roux delicadamente por 3 minutos, sem deixar dourar. Leve o leite para ferver em uma panela à parte e, em seguida, misture-o ao roux e cozinhe, mexendo sempre, por cerca de 5 minutos, até engrossar substancialmente. Tempere a gosto com sal, pimenta e uma pitada bem pequena de noz-moscada. Espere esfriar um pouco, acrescente as gemas e bata vigorosamente. Reserve.

Para finalizar, quando o *horno* estiver bem quente, unte generosamente uma frigideira de ferro fundido de 23 cm ou uma travessa para gratinar com a colher (sopa) de manteiga

restante e coloque as cebolas no fundo. Espalhe uniformemente com o purê de batata sobre elas. Com as costas de uma colher, faça quatro cavidades no purê até chegar à camada de cebola e coloque cuidadosamente uma gema de ovo em cada uma delas. Cubra com o molho bechamel, tomando cuidado para não estourar as gemas. Espalhe o parmesão por cima de todo o bechamel.

Leve à parte mais quente do forno e deixe gratinar por cerca de 5 minutos, girando a travessa duas ou três vezes para que doure uniformemente, até que o queijo esteja derretido, dourado e borbulhando, mas as gemas ainda estejam moles. Usando uma colher grande, tente pegar uma gema de ovo inteira em cada porção e sirva imediatamente.

BATATA-DOCE

BATATA-DOCE NO *RESCOLDO* EM DUAS VERSÕES   53

CHIPS DE BATATA-DOCE COM SALSINHA E ALHO   55

TORTILHA ESPANHOLA DE BATATA-DOCE   59

DO OUTRO LADO DO OCEANO

Por muito tempo, achei que os *boniatos* (batatas-doces) tivessem sido mais um presente das Américas para o mundo, mas fiquei feliz ao descobrir que hoje há quem defenda que elas foram trazidas até nós por polinésios que cruzaram a imensidão do Pacífico em suas compridas canoas. Que bravos viajantes! Esses doces tubérculos faziam parte das compras semanais na minha casa durante a infância, suponho eu que por se adaptarem bem ao clima andino extremo das nossas fazendas no alto das montanhas. Elas muitas vezes aparecem apenas de passagem em livros de receitas, ao passo que as receitas de batatas tradicionais preenchem volumes inteiros.

Por que isso acontece?

Acredito que pode ser devido ao fato de que as batatas normais são bastante receptivas a outros sabores — com vocação para coadjuvantes, sem nunca lutar pelos holofotes. A batata-doce, por outro lado, é... doce. Por isso nunca encontrei uma criança que recusasse uma batata-doce. É um vegetal com personalidade distinta, não um mero figurante. Da mesma forma que a batata tradicional, a doce pode ser frita, assada no forno ou cozida na brasa. Toda vez que me deparo com uma mistura de especiarias particularmente marcante — seja do México ou do Norte da África, da Índia ou de Bali —, tenho certeza de ter encontrado um novo parceiro para cantar em harmonia com a doçura do *boniato*. Acho que não tem nada melhor que uma batata-doce sublimemente cremosa assada nas brasas de uma fogueira, sua casca carbonizada sendo cortada com uma faca e sua polpa sendo batizada na manteiga.

BATATA-DOCE NO *RESCOLDO* EM DUAS VERSÕES

Com frequência, quanto menos você interferir em um ingrediente, melhor será o sabor dele. Em uma tarde de outono, coloque algumas batatas-doces sob as brasas, as cinzas e os carvões de sua fogueira, depois vá dar um passeio. Observe os gansos voando nas alturas em grandes bandos. Ao voltar, retire com cuidado uma batata-doce assada das cinzas. Abra-a ao meio, sirva com manteiga, e ficará incrível. Acrescente mais alguns ingredientes, e você vai perceber como um pouco de inspiração e de intuição abrem caminho para que você esteja sempre reinventando esta simples receita.

COM MANTEIGA E PIMENTA-CALABRESA

Rende 4 porções como acompanhamento

4 batatas-doces de mesmo tamanho, lavadas
4 colheres (sopa) de manteiga sem sal
Flor de sal
Pimenta-calabresa

Prepare o fogo e deixe o carvão queimar até formar uma cama de brasas, carvões e cinzas para o *rescoldo*. Se estiver cozinhando dentro de casa, preaqueça o forno a 190°C.

Enterre as batatas-doces sob as brasas, os carvões e as cinzas, certificando-se de que fiquem completa e uniformemente cobertas. Asse até que estejam macias de todos os lados. O tempo de cozimento varia de acordo com o tamanho da batata-doce: após cerca de 20 minutos, afaste as brasas com uma pinça comprida e tente perfurar a batata-doce até o fim com um espeto comprido de bambu. Você provavelmente vai encontrar alguma resistência no meio, e vai parecer estar a meio caminho de ficar pronto. Vire as batatas com a pinça e recubra-as com as brasas e as cinzas, ajustando-as conforme necessário para obter um cozimento uniforme, e asse por cerca de mais 20 minutos. Quando as batatas-doces estiverem prontas, retire-as com cuidado e limpe as cinzas com um pano de prato ou papel-toalha.

continua

Se estiver cozinhando dentro de casa, coloque as batatas-doces em uma assadeira e leve ao forno por cerca de 45 minutos ou até ficarem macias. Para servir, abra as batatas-doces, espalhe uma colher (sopa) de manteiga sobre cada uma e tempere a gosto com flor de sal e pimenta-calabresa.

COM IOGURTE E GREMOLATA DE HORTELÃ E AMÊNDOAS

FOTO NA PÁGINA 52

Esta receita reflete grande parte da minha filosofia culinária. A cremosidade fria do iogurte contrastando com a cremosidade quente da batata. O crocante das amêndoas contra a maciez do *boniato*. A doçura intrínseca do mel servindo de contraponto ao limão. As ervas frescas porque oferecem notas de topo que ecoam como flautins em uma orquestra. O azeite porque sempre intensifica o sabor. Sal e pimenta porque melhoram qualquer coisa.

Rende 6 porções como acompanhamento,
3 porções como prato principal

3 batatas-doces grandes, lavadas

Um punhado de folhas de salsinha fresca picadas

¼ de xícara de folhas de hortelã fresca picadas

⅓ de xícara (35 g) de amêndoas ou nozes tostadas e picadas

½ xícara (120 ml) de azeite de oliva extravirgem, mais um pouco para finalizar

¼ de colher (chá) de mel

Casca ralada de 1 limão-siciliano

Sal grosso e pimenta-do-reino preta moída na hora

Flor de sal

1 xícara (240 ml) de iogurte natural, frio

Asse as batatas-doces como descrito anteriormente.

Enquanto estão assando, prepare a gremolata. Misture a salsinha, a hortelã, as amêndoas, o azeite, o mel e as raspas de limão em uma tigela pequena. Tempere a gosto com sal e pimenta. Reserve.

Quando as batatas-doces estiverem prontas, espere esfriarem um pouco e as corte ao meio no sentido do comprimento. Com os dedos protegidos por um pano de prato, empurre lentamente a casca para dentro, de modo que a polpa transborde nas pontas. Transfira as batatas-doces para pratos de servir. Tempere com flor de sal a gosto, regue com azeite e acrescente uma colherada grande de iogurte frio sobre cada batata. Coloque um pouco da gremolata sobre o iogurte e sirva o restante à parte.

CHIPS DE BATATA-DOCE COM SALSINHA E ALHO

Basta comer um que você ficará convencido. Esses chips são perfeitos como são, mas também são robustos o suficiente para servir de suporte para um guacamole.

Rende 6 porções

3 batatas-doces médias, lavadas

Cerca de 4 xícaras (1 litro) de óleo (de preferência um misto de azeite e óleo vegetal), para fritar

3 dentes de alho, espremidos

Um punhado grande de folhas de salsinha fresca, picadas finamente

Flor de sal

Prepare um fogo médio-alto e coloque uma grelha sobre ele. Pegue uma panela grande e funda de ferro fundido, como um *caldero* ou uma caçarola.

Corte as batatas-doces em fatias bem finas usando uma mandolina e seque-as.

Coloque o óleo no *caldero* ou na panela funda de ferro fundido — encha, no máximo, até a metade. Aqueça o óleo na grelha ou no fogão em fogo médio-alto, até o termômetro marcar 180°C ou o óleo chiar e borbulhar em torno de um pedaço de batata usado como teste. Forre uma ou mais assadeiras com papel-toalha e deixe-as prontas para escorrer as batatas depois de fritas.

Coloque um punhado de batatas-doces no óleo e frite por 1 a 2 minutos, até que elas estejam uniformemente douradas e crocantes. Use uma escumadeira comprida para separá-las, se for preciso. Ajuste a temperatura para manter o óleo sempre a 180°C. Transfira as batatas fritas para as assadeiras forradas para escorrer à medida que forem ficando prontas. Repita com as batatas restantes, mantendo o óleo quente o

suficiente para fritar, mas tomando cuidado para não queimar. Enquanto os chips ainda estiverem quentes, tempere-os com o alho, a salsinha e a flor de sal e sirva imediatamente.

TORTILHA ESPANHOLA DE BATATA-DOCE

Toda cultura tem sua *comfort food* primordial, toda família insiste que a maneira como a avó a preparava é a *única* correta e qualquer alteração na receita rende aos transgressores a pecha de hereges. Eis aqui, então, minha pequena heresia: eu preparo este clássico espanhol com batata-doce, no lugar da batata branca. Em todos os demais aspectos, é idêntica à tortilha espanhola, essa tapa universalmente amada em todos os bares da Espanha. Um conselho: tenha coragem e acredite em si mesmo quando chegar o momento de virar a tortilha ainda não totalmente cozida em um prato e deslizá-la de volta na frigideira. É preciso ser valente nessa hora para triunfar!

Rende 4 porções

680 g de batata-doce sem casca
1 xícara (240 ml) de azeite de oliva extravirgem ou mais um pouco, se necessário
1 cebola média picada grosseiramente
9 ovos grandes
Sal grosso

Prepare um fogo médio-baixo, e coloque uma grelha sobre ele. Pegue uma frigideira de ferro fundido de 25 cm. Se estiver cozinhando dentro de casa, você pode usar uma frigideira de 25 cm ou de ferro fundido ou antiaderente em fogo médio-baixo.

Corte as batatas-doces em quatro no sentido do comprimento e depois faça fatias bem finas.

Aqueça o azeite na frigideira. Acrescente as batatas, depois a cebola, e mantenha o fogo baixo o suficiente para que o azeite borbulhe suavemente. O objetivo é cozinhar as batatas e a cebola até ficarem macias, mas sem dourar. Tampe a frigideira e deixe cozinhar por 3 minutos. Retire a tampa e incline delicadamente a frigideira para mexer e virar as batatas e a cebola. Se elas estiverem dourando, reduza ainda mais o fogo. Tampe novamente e deixe cozinhar por mais 4 minutos. Confira o ponto das batatas pegando uma fatia, soprando para esfriar e provando. O ponto deve ser macio. Percebi que as batatas geralmente precisam de mais 2 a 4 minutos que a cebola. Quando estiverem bem cozidas, escorra-as em uma peneira apoiada sobre uma tigela e deixe esfriar por cerca de 10 minutos. Guarde o azeite. Ele ainda está perfeito para cozinhar.

Bata os ovos em uma tigela com uma pitada de sal. Quando as batatas e a cebola estiverem mornas — não quentes — ao toque, despeje-as na tigela dos ovos e misture. Coloque a mistura na frigideira e leve ao fogo bem baixo. Cozinhe lentamente, sacudindo e inclinando a panela para permitir que os ovos crus se espalhem livremente, até que estejam firmes e dourados na parte de baixo. De vez em quando, passe uma espátula pelas bordas para afastar a mistura já cozida das laterais da frigideira. Isso evita que a tortilha grude quando você for desenformá-la.

Agora é a hora da verdade, não se pode ter medo! Quando os ovos estiverem quase firmes, passe a espátula pelas bordas da frigideira mais uma vez para soltar a tortilha e, em seguida, retire a frigideira do fogo. Coloque um prato grande e plano emborcado sobre a frigideira. Usando luvas de forno ou pegadores, segure o prato com uma mão e a frigideira com a outra e, em um movimento rápido, vire a frigideira de cabeça para baixo para desenformar a tortilha no prato, com o lado cozido para cima. Acrescente mais azeite à frigideira, leve-a de volta ao fogo e deslize cuidadosamente a tortilha para dentro dela, ainda com o lado cozido para cima, e cozinhe por mais 2 a 4 minutos. Agora pegue a frigideira com uma mão, balance-a novamente para soltar o fundo, e deslize a tortilha em um prato de servir. Deixe-a descansar por alguns minutos para assentar. Corte como uma torta e sirva.

TOMATE

TOMATE CONFITADO 65

TOMATE CONFITADO RECHEADO COM QUEIJO PEPATO 66

SOPA DE TOMATE CONFITADO 69

TOMATE CHAMUSCADO COM ALHO E TOMILHO 70

SALADA CAPRESE DE TOMATE CHAMUSCADO E AMEIXA 72

TOMATE-CEREJA CHAMUSCADO COM CEBOLINHA 73

SALADA DE TOMATE *HEIRLOOM* COM BURRATA, TAPENADE E PINOLE 75

TEMPORADA DE TOMATE NA TOSCANA

Embora eu tenha trabalhado em muitos dos restaurantes mais glamorosos da Europa entre a adolescência e os vinte e poucos anos, não apreciava inteiramente os tomates até conseguir um emprego em um restaurante muito mais simples — Trattoria Maiano, na cidade toscana de Fiesole, nos arredores de Florença.

O proprietário, Aldo Landi, e sua esposa moravam no andar de cima do restaurante. Uma tarde, durante uma pausa na cozinha, ele me convidou para dar um grande passeio pelos aposentos da família.

"Este é o quarto da minha esposa", disse o *signor* Landi. "E este aqui é o meu." Havia duas camas no quarto dele. Uma para ele, outra para o cachorro, explicou. Mas o mais impressionante era que havia dezoito presuntos pendurados sobre a cama dele!

No caos controlado de sua cozinha, reparei em como ele cortava um tomate e o abria com os dedos, de modo que ficava com uma aparência rústica. A expressão que me vem à cabeça é "levemente destruído". Então ele temperava o tomate simplesmente com azeite, vinagre, sal e pimenta: era perfeito! Quase sempre esses tomates eram carnudos e macios, muito maduros. Quando atingem esse estado, há uma grande concentração de sabor.

Quer eu o sirva cru ou cozido, concentrar o sabor natural de um tomate maduro é sempre o meu objetivo. Os tomates são especialmente adequados para a *plancha,* onde desenvolvem uma bela crosta carbonizada, como um bife preparado à perfeição. Ou os tempere com azeite antes de cozinhar, para dar um sabor mais profundo sem queimá-los. As duas formas são boas. Dá ainda para confitá-los bem devagar em ainda mais azeite, e eles ficarão macios, sedosos e adocicados: o sabor do verão em um prato.

TOMATE CONFITADO

Esta é uma receita muito simples, que, justamente por ser tão simples, pede que você use os melhores ingredientes. Escolha tomates coração-de-boi ou *heirloom*; sua forma arredondada e seu volume proporcionam uma textura carnosa. Prefiro um bom azeite a um óleo neutro, por suas notas florais. O objetivo é que os tomates mantenham a forma e fiquem macios e cremosos. À medida que cozinham, o líquido deve fervilhar suavemente. Confira os tomates de vez em quando, da mesma forma que você olharia para um bebê dormindo. Sirva-os como acompanhamento ou os recheie com queijo (p. 66). Esmague-os para fazer um molho ou os use como base para outras receitas, como o *PAN CHATO* COM FUNCHO (p. 212).

Rende 6 porções

1 xícara (240 ml) de azeite de oliva extravirgem ou mais um pouco, se necessário

6 tomates carnudos de igual tamanho (de cerca de 230 g cada), de preferência coração-de-boi ou *heirloom*, inteiros, sem o miolo

1 cabeça grande de alho, os dentes separados e descascados

1 cebola-roxa grande, cortada em pedaços pequenos

Um punhado de ervas frescas, como ramos de tomilho, folhas de sálvia e de orégano

2 colheres (chá) de vinagre de vinho tinto ou mais um pouco, se necessário

Sal grosso e pimenta-do-reino preta moída na hora

Preaqueça o *horno*, ou um forno doméstico, a 170°C.

Despeje cerca de ⅓ do azeite em uma assadeira na qual os tomates caibam bem justos e que tenha pelo menos 5 cm de profundidade. Coloque-os na assadeira com o lado cortado para cima e recheie-os com os dentes de alho, a cebola e as ervas, inserindo qualquer sobra ao redor dos tomates, onde quer que haja espaço. Tempere com o vinagre e adicione azeite suficiente para chegar até metade da altura dos tomates. Tempere a gosto com sal e pimenta.

Leve ao forno, destampado, por cerca de 2 horas, até que os tomates fiquem bem macios, mas sem desmanchar. Durante a primeira meia hora, eles vão verter muito líquido, que depois vai evaporar, permitindo que você acrescente mais azeite. Verifique-os a cada 30 minutos, mais ou menos, e ajuste a temperatura para que o líquido mantenha um fervilhar suave. Para dourar a parte superior, mova a assadeira para a parte mais quente do forno nos últimos minutos; se estiver cozinhando dentro de casa, aumente a temperatura para 220°C ou use a função grill.

Deixe esfriar e sirva ou transfira todo o conteúdo da assadeira para um recipiente hermético e guarde na geladeira por até 5 dias.

TOMATE 65

TOMATE CONFITADO RECHEADO COM QUEIJO PEPATO

Sabores e texturas extremamente contrastantes costumam atuar em harmonia quando se encontram. Aqui, os tomates são macios, bastante doces e agradavelmente ácidos. O pepato é um queijo pecorino, de leite de ovelha, semiduro, cravejado de grãos inteiros de pimenta-do-reino preta. Ele é salgado, com um toque apimentado e uma pitada de doçura caramelada que desperta o paladar.

Rende 4 porções

4 TOMATES CONFITADOS (p. 65)
230 g de queijo pecorino pepato, em lascas
Azeite de oliva extravirgem

Acenda o fogo, ajustando a temperatura para média, e aqueça a *plancha*. Se estiver cozinhando dentro de casa, aqueça uma chapa grande de ferro fundido em fogo médio.

Disponha os tomates em uma assadeira e coloque uma quantidade generosa de queijo no meio de cada um. Regue o queijo com um pouco de azeite.

Pincele a *plancha* quente ou a chapa generosamente com azeite. Usando uma espátula larga e afiada, vire um tomate de cada vez sobre a *plancha*, com o lado do queijo para baixo, em um movimento rápido. Deixe-os lá por vários minutos, até que o queijo derreta e todos os tomates estejam bem dourados. Retire os tomates da *plancha* ou da chapa e arrume-os, com o lado do queijo para cima, em uma travessa. Sirva imediatamente.

SOPA DE TOMATE CONFITADO

De vez em quando — quer dizer, com bastante frequência —, uma boa receita pode dar origem a outra. O caso em questão é esta sopa extremamente gratificante à base de tomates confitados. Em vez de descartar o alho, a cebola, o azeite e as ervas, sintetize todo o sabor do cozimento que eles desenvolvem naquelas horas no forno ao processá-los junto com os tomates. Decore com coentro fresco e enriqueça com pedaços de queijo de cabra na hora de servir.

Rende 4 porções

4 a 6 TOMATES CONFITADOS (p. 65), incluindo a cebola, o alho e o líquido que restou na assadeira (descarte os galhos das ervas)

Azeite de oliva extravirgem

Sal grosso e pimenta-do-reino preta moída na hora

115 g de queijo de cabra fresco esfarelado

Alguns ramos de coentro picados

Coloque os tomates, a cebola e o alho no liquidificador e bata até ficar homogêneo, adicionando aos poucos o líquido que restou na assadeira, até que o sabor e a textura estejam ao seu gosto. Se estiver ácido demais por conta do vinagre, acrescente mais azeite. Tempere a gosto com sal e pimenta.

Para servir, aqueça a sopa em uma panela média em fogo baixo e despeje em tigelas individuais. Adicione uma colherada de queijo de cabra a cada uma. Finalize com o coentro.

TOMATE CHAMUSCADO COM ALHO E TOMILHO

Uma salada de tomates levemente chamuscados enfatiza o encontro do cozido com o cru. Os tomates, sem sementes, são cortados ao meio e cobertos por lâminas finas de alho, cebola e tomilho (ou orégano, se for o que tiver à mão), e enfim levemente tostados no lado do corte. Gosto deles no almoço ou como uma ceia leve, servidos com um ovo frito em azeite, com a bordinha crocante, pão torrado e uma taça de rosé.

Rende 4 porções

4 tomates arredondados maduros, mas firmes

1 cebola-roxa pequena cortada ao meio e em fatias finas

4 dentes de alho em fatias bem finas

1 colher (sopa) de folhas picadas de tomilho fresco ou de orégano fresco

½ xícara (120 ml) de azeite de oliva extravirgem ou mais um pouco, se necessário

4 fatias grossas de pão de fermentação natural

4 ovos

Prepare um fogo alto e aqueça a *plancha*. Se estiver cozinhando dentro de casa, aqueça uma chapa grande de ferro fundido ou uma frigideira em fogo alto.

Corte cada tomate em duas metades e faça riscos em forma de grade na superfície cortada. Separe a cebola cortada em meias-luas. Insira o alho, as folhas de tomilho e a cebola firmemente por entre os riscos do tomate, para que não saiam do lugar quando você os virar na *plancha*.

Pincele a *plancha* ou a chapa quente com um pouco de azeite. Quando o azeite começar a chiar, coloque um tomate na palma da sua mão com o lado cortado para cima e vire-o sobre a superfície quente. Para não se queimar, use uma espátula para pressioná-lo. Repita a operação com as outras metades de tomate. Toste os tomates até que as fatias de alho e cebola fiquem douradas, por 2 a 3 minutos, depois transfira-os para uma travessa com o lado cortado para cima. Regue com azeite.

Enquanto isso, pincele o pão com azeite dos dois lados. Pincele generosamente outra área quente da *plancha* (ou uma frigideira grande à parte, se estiver dentro de casa) e toste o pão por 1 ou 2 minutos de cada lado. Transfira para pratos de servir. Coloque mais azeite na *plancha* ou na frigideira e frite os ovos até que as bordas fiquem crocantes e as gemas estejam a seu gosto. Sirva imediatamente.

SALADA CAPRESE DE TOMATE CHAMUSCADO E AMEIXA

Esta é a minha versão da salada caprese servida em toda a Itália. A receita clássica pede fatias de tomate cru, mas tostar o tomate proporciona uma gradação de texturas, do queimado ao maduro e até o doce. O tomate tem um equilíbrio entre acidez e doçura, já as ameixas são principalmente doces, com um leve toque de acidez. Os chips de alho crocante trazem um sabor que lembra castanhas, mas sem a picância do alho.

Rende 4 porções

4 tomates maduros, cortados em gomos grandes

4 ameixas maduras, cortadas ao meio e sem caroço

¼ de xícara de azeite de oliva extravirgem, ou pouco mais se necessário

Sal grosso

230 g de bolinhas de muçarela de búfala

CHIPS DE ALHO CROCANTE (p. 296)

Um punhado de folhas de manjericão fresco

Vinagre de vinho tinto

Prepare um fogo alto e aqueça a *plancha*. Se estiver cozinhando dentro de casa, aqueça uma ou mais chapas grandes de ferro fundido ou frigideiras.

Pincele os lados cortados dos tomates e das ameixas com um pouco de azeite e tempere com sal. Quando estiver quente, cubra a *plancha* ou a chapa com azeite. Quando o óleo começar a chiar, coloque os tomates sobre a superfície quente com o lado cortado para baixo. Grelhe-os sem mexê-los por cerca de 2 minutos, até que estejam levemente chamuscados no lado cortado, mas ainda firmes por cima. Com uma espátula afiada, retire os tomates da *plancha* ou da chapa e disponha-os sobre uma travessa larga com o lado tostado para cima. Repita o processo com as ameixas, dourando-as com o lado cortado para baixo e depois colocando-as na mesma travessa dos tomates.

Para servir, espalhe o queijo, os chips de alho e as folhas de manjericão por cima. Finalize com mais azeite e vinagre a gosto.

TOMATE-CEREJA CHAMUSCADO COM CEBOLINHA

A única coisa de que você precisa aqui para obter um resultado feliz é um pouco de paciência e tomates-cereja bem doces. Depois de colocá-los sobre a *plancha* quente, *não mexa neles*! Isso permite que os tomatinhos desenvolvam uma casquinha tostada sensacional. Se você mexer, eles vão liberar líquido, e você vai acabar com tomates murchos como balões vazios. Deliciosos por si sós, esses tomates instantaneamente levam a outro patamar uma massa simples ao *aglio e olio*, *avocado toast* ou canapés de queijo de ovelha cremoso.

Rende 4 porções

450 g de tomates-cereja

Sal grosso

Azeite de oliva extravirgem

1 maço de cebolinha, apenas a parte verde, em fatias bem finas (guarde as partes brancas para outro preparo)

Flor de sal

Prepare um fogo alto e aqueça a *plancha*. Se estiver cozinhando dentro de casa, aqueça uma chapa grande de ferro fundido em fogo alto.

Corte os tomates ao meio com uma faca serrilhada afiada (como uma faca de pão), coloque-os em uma tigela e tempere com sal. Regue com azeite e misture para cobri-los bem. Distribua cuidadosamente os tomates na *plancha* ou na chapa bem quente com o lado cortado para baixo, bem espaçados. Grelhe sem mexer os tomates por cerca de 2 minutos, até ver uma fina linha preta carbonizada se formar ao redor do fundo, mas com a parte de cima ainda firme.

Quando estiverem prontos, os tomates se soltarão com facilidade da superfície quente. Use uma espátula afiada para transferi-los para uma travessa com o lado cortado para cima.

Disponha os tomates na travessa e espalhe a cebolinha por cima. Regue com azeite, finalize com a flor de sal e sirva.

TOMATE 73

SALADA DE TOMATE *HEIRLOOM* COM BURRATA, TAPENADE E PINOLE

Quanto menor a intervenção na hora de cozinhar ou manipular os ingredientes, mais crítico é usá-los quando estiverem no auge do sabor, portanto, prepare esta salada apenas com tomates que amadureceram no pé. De nenhuma outra forma eles alcançam a união mística de doçura e acidez que os torna irresistíveis. A burrata grosseiramente rasgada, com uma textura elástica e agradável em algumas partes e em geral cremosa contrasta com o sabor robusto da tapenade, com o crocante do pinole e dos croutons e com o sabor rico e potente dos tomates.

Nota: Picar as azeitonas à mão para a tapenade proporciona uma textura mais grossa e interessante. A sobra de tapenade pode ser guardada na geladeira por até 1 semana.

Rende 6 porções

PARA A TAPENADE

1 xícara (155 g) de azeitonas kalamata sem caroço, picadas

2 colheres (sopa) de alcaparras, lavadas, secas e picadas

1 colher (chá) de casca de limão-siciliano ralada

1 colher (sopa) de sumo de limão-siciliano espremido na hora

1½ colher (chá) de folhas de tomilho fresco, picadas

½ xícara (120 ml) de azeite de oliva extravirgem

Pimenta-do-reino preta moída na hora

PARA A SALADA

6 tomates *heirloom* maduros, de uma ou mais variedades

600 g de burrata, em temperatura ambiente

CROUTONS CROCANTES (p. 297)

¼ de xícara de pinole tostado

Azeite de oliva extravirgem

Primeiro, prepare a tapenade. Misture as azeitonas, as alcaparras, as raspas de limão-siciliano, o sumo do limão-siciliano e o tomilho em uma tigela pequena. Acrescente o azeite aos poucos, mexendo sempre, e tempere a gosto com pimenta.

Para a salada, corte os tomates em rodelas grossas e arrume-os em uma travessa. Espalhe cerca de ¼ de xícara da tapenade sobre os tomates. Com as mãos, abra a burrata no meio da travessa e distribua os pedaços sobre o tomate, com o lado rasgado para cima. Finalize com os croutons e os pinoles, regue com azeite e sirva.

BERINGELA

BERINGELA NO *RESCOLDO* COM SALSINHA, PIMENTA E AÏOLI 81

BERINGELA À MILANESA 83

TIAN E CHURRASCO DE RATATOUILLE 85

BERINGELA *A LA PLANCHA* EM QUATRO VERSÕES 89

UMA DÍVIDA DE GRATIDÃO

Eu não cresci comendo beringela quando era criança. Elas não são particularmente adequadas ao clima frio das montanhas e à curta estação de crescimento da Patagônia. Nosso primeiro encontro sério se deu quando eu tinha dezoito anos. Na época, eu morava em Paris e mal tinha dinheiro para alugar um quarto minúsculo, mas estava obstinado a desvendar os mistérios da alta cozinha nos grandes restaurantes da Europa. Ainda não havia feito muito progresso nessa ambição quando Jimmy Vale, um amigo com quem eu costumava esquiar nos Andes, sugeriu fazermos uma viagem.

"Jimmy, é muito gentil da sua parte me convidar, mas eu não tenho um centavo", respondi.

"Não se preocupe com dinheiro", ele disse. "Acabei de receber uma herança. Me pague quando puder."

Quando a sorte bate à porta, descobri que é sempre gratificante deixá-la entrar, então lá fomos nós. Minhas pretensões parisienses foram, temporariamente, deixadas de lado. A viagem nos levou a esquiar nos Alpes, depois a Roma e, por fim, à Grécia, onde planejávamos passar uma semana. A vida era tão doce e bonita na ilha de Mykonos que acabei ficando seis meses por lá! Comi cordeiro assado, bebi vinho local e nadei — ou assim me lembro — na esteira de golfinhos sobre as águas azuis do mar Egeu. Ter passado esse tempo com uma namorada adorável tornou a visita ainda mais doce. Se você é jovem e está apaixonado, não consigo pensar em lugar melhor para fugir da correria da vida por um momento.

É impossível passar tanto tempo na Grécia sem ter contato diário com a beringela. De uma forma ou de outra, elas sempre encontram um caminho até a mesa. Sua cremosidade, seu sabor defumado, sua capacidade de fazer amizade com outros ingredientes foram uma revelação para mim, e desde então elas são parte da minha cozinha.

P.S.: Quanto à minha dívida com Jimmy, toda vez que ele pagava alguma conta de grande valor, eu anotava. Dez anos depois, eu tinha meu próprio restaurante em Buenos Aires e estava indo muito bem. Uma noite, convidei-o para jantar e, agradecido, liquidei nossa dívida financeira. No entanto, estarei sempre em débito com ele por aquele interlúdio de despreocupação na minha juventude.

BERINGELA NO *RESCOLDO* COM SALSINHA, PIMENTA E AÏOLI

Sempre houve um delicado equilíbrio entre o chamuscado e o incinerado em minhas receitas. É uma linha tênue que os separa, mas defendo com ardor que os ingredientes sejam levados a esse ponto arriscado, porque algo mágico acontece quando a fumaça, o carvão e o fogo se encontram. A natureza deve ter pensado nisso quando inventou a beringela. Particularmente, gosto de cozinhá-las até que suas cascas fiquem pretas e enrugadas, e a fumaça permeie sua polpa macia. A beringela cozida na brasa é tão cremosa quanto um pudim bem preparado, e ela absorve profundamente os sabores desta receita simples.

Rende 4 porções

4 beringelas redondas médias ou italianas grandes

Um punhado de folhas de salsinha fresca

Pimenta-calabresa

Azeite de oliva extravirgem

Vinagre de vinho tinto de alta qualidade

1 xícara (240 ml) de AÏOLI (p. 294)

Prepare o fogo e deixe o carvão queimar até formar uma cama de brasas, carvões e cinzas para o *rescoldo*.

Enterre as beringelas inteiras nas brasas, nos carvões e nas cinzas. Após 10 minutos, afaste as brasas com uma pinça comprida, vire as beringelas e asse-as até ficarem enegrecidas e completamente chamuscadas, por cerca de 5 minutos mais. Elas devem estar macias de uma ponta a outra quando perfuradas com um espeto comprido de bambu. Retire-as do fogo e limpe as cinzas, mas deixe o máximo possível da casca chamuscada.

Se estiver cozinhando dentro de casa, asse as beringelas em uma assadeira forrada com papel-alumínio usando a função grill do forno ou diretamente sobre o queimador a gás do fogão, virando-as de vez em quando, até que a casca esteja chamuscada e enegrecida de todos os lados e o interior esteja bem macio, por cerca de 15 minutos.

Para servir, abra cada beringela no sentido do comprimento e arrume-as em uma travessa. Espalhe as folhas de salsinha e a pimenta-calabresa a gosto, depois regue ligeiramente com azeite e algumas gotas de vinagre. Sirva com o aïoli ao lado.

VARIAÇÃO

BERINGELA NO *RESCOLDO* COM REDUÇÃO DE TOMATE FRESCO

FOTO NA PÁGINA AO LADO

Como qualquer um que tenha uma horta sabe, quando é época de beringelas, surgem muitas de uma vez para lidar. Os tomates estão no auge da abundância mais ou menos ao mesmo tempo. Esta receita aproveita a plenitude dos dois.

Asse as beringelas como descrito acima. Abra-as e espalhe por cima a REDUÇÃO DE TOMATE FRESCO (p. 295), folhas de manjericão fresco e raspas de grana padano ou de parmesão.

BERINGELA À MILANESA

De vez em quando, nasce um novo prato, e logo na primeira garfada digo a mim mesmo: "Isso é tão delicioso em todos os sentidos, com certeza alguém já sonhou com isso há muito tempo". Mas esta beringela à milanesa foi inventada por Diego Irrera, meu chef de cozinha no The Vines, na região vinícola de Mendoza. Ele assa uma beringela até ela se desmanchar, depois a empana como se fosse uma milanesa ou um schnitzel. Crocante por fora, mas cremosa como um pudim por dentro, esse saboroso "bife" rapidamente se tornou o prato vegetariano preferido em todos os meus restaurantes. Para este prato, eu prefiro a beringela arredondada, em forma de pera, ou a italiana. Elas devem ficar bem chamuscadas, para proporcionar uma nota agradável de defumação. Depois que a casca carbonizada for removida, a beringela deve ficar com pelo menos 2,5 cm de espessura. É muito importante que você use farinha de rosca fresca (caseira, em vez das compradas prontas); a milanesa deve ser preparada lenta e delicadamente, para ficar com uma casquinha crocante, amanteigada e levemente dourada.

Nota: Para uma versão vegana, utilize azeite em vez de manteiga.

Rende 4 porções como prato principal

4 beringelas redondas médias ou italianas grandes

3 ovos

½ xícara (25 g) de folhas de salsinha fresca, picadas

¼ de xícara de folhas picadas de orégano fresco

Sal grosso e pimenta-do-reino moída na hora

2 xícaras (215 g) de farinha de rosca fresca, feita de pão de campanha sem casca

3 dentes de alho grandes, em fatias bem finas

½ xícara (120 ml) de MANTEIGA CLARIFICADA (p. 298)

4 colheres (sopa) de manteiga sem sal gelada, cortada em cubinhos

Um punhado de salada fresca, como de rúcula, ou um mix de folhas

½ cebola-roxa pequena, em fatias bem finas

Azeite de oliva extravirgem

Limão-siciliano cortado em gomos, para servir

Prepare o fogo e deixe o carvão queimar até formar uma cama de brasas, carvões e cinzas para o *rescoldo*.

Enterre por completo as beringelas nas brasas incandescentes. Após 10 minutos, use uma pinça comprida para afastar as brasas e virar as beringelas. Ponha as brasas de volta por cima das beringelas e asse até que elas fiquem escuras e totalmente chamuscadas, por mais 5 a 10 minutos. As beringelas devem estar macias de uma ponta a outra quando perfuradas com um espeto de bambu comprido. Retire-as do fogo e coloque-as dentro de um saco de papel ou de uma tigela coberta para continuarem a cozinhar no vapor. Quando estiverem frias o suficiente para serem manuseadas, retire cuidadosamente a casca carbonizada, deixando os cabos no lugar para manter as beringelas inteiras. Se estiver cozinhando dentro de casa, asse as beringelas em uma assadeira forrada com papel-alumínio usando a função grill do forno por 15 a 20 minutos, virando de vez em quando, até ficarem completamente enegrecidas e macias por dentro. Cubra com mais papel-alumínio, feche bem as bordas e deixe cozinhar no vapor como descrito acima, depois retire as cascas. Outra opção é segurá-las com pinças compridas sobre o queimador do fogão

continua

BERINGELA 83

por cerca de 15 minutos, até que a casca esteja escurecida por completo.

Adicione mais brasas ao fogo em temperatura média-baixa e coloque uma *plancha* sobre ele. Se estiver cozinhando dentro de casa, aqueça uma ou mais chapas grandes de ferro fundido em fogo médio-baixo.

Bata os ovos em uma tigela larga e rasa. Adicione a salsinha e o orégano e tempere a gosto com sal e pimenta.

Segurando pelo cabo, mergulhe cuidadosamente uma beringela inteira de cada vez na mistura de ovo, depois coloque-as em uma assadeira, tomando cuidado para não partirem. Achate-as delicadamente com as mãos até que fiquem com uma espessura uniforme, de cerca de 2,5 cm. Cubra as beringelas generosamente com um pouco da farinha de rosca, pressionando a farinha sobre a superfície com firmeza, mas com cuidado.

Vire as beringelas e espalhe o alho por cima, pressionando-o delicadamente. Espalhe mais farinha de rosca por cima e pressione-a sobre as beringelas, para que fiquem completamente recobertas.

Derreta 4 colheres (sopa) de manteiga clarificada na *plancha* quente ou nas chapas. Coloque as beringelas na *plancha*, com o lado do alho para baixo, e bem espaçadas. Frite bem lentamente, até que a farinha de rosca esteja dourada e crocante (confira levantando apenas uma das pontas com uma espátula), por cerca de 4 minutos. Adicione pequenos pedaços de manteiga gelada nas laterais se a *plancha* ficar seca. Vire e frite do outro lado com a manteiga clarificada restante, até ficarem douradas e crocantes, por cerca de 4 minutos mais. Escorra em papel-toalha.

Misture as folhas em uma tigela junto com a cebola e um fio de azeite. Tempere a gosto com sal e pimenta. Cubra cada beringela com um pouco da salada temperada e sirva com limão-siciliano cortado em gomos ao lado, para ser espremido por cima.

TIAN E CHURRASCO DE RATATOUILLE

Fui enfeitiçado pelo ratatouille desde que era um jovem cozinheiro que trabalhava na famosa cozinha de Roger Vergé. Seu restaurante, o Moulin de Mougins, na Riviera Francesa, deu origem a um estilo de culinária leve, conhecido como *cuisine du soleil*, a culinária do sol. Os molhos pesados, a manteiga e o creme de leite da culinária francesa clássica foram eclipsados pelas receitas que o chef Roger criou para dar destaque aos vegetais da estação e aos sabores brilhantes das ervas, especiarias e frutas cítricas do sul da França. Eis aqui duas homenagens ao tradicional ratatouille.

Tian é o nome tanto de uma assadeira de barro típica do sul da França quanto do que é preparado nela — nesse caso, fileiras bem apertadas de beringela, tomate e abobrinha, assadas lenta e suavemente em bastante azeite. Os vegetais são cortados em rodelas e empilhados à medida que vão sendo cortados, depois uma das pontas é aparada para que eles fiquem em pé em longas fileiras na assadeira. Não se preocupe se as suas rodelas não tiverem todas o mesmo diâmetro — você pode apará-las conforme necessário. O resultado é cremoso por dentro e crocante por fora. Apesar de o *tian* demorar para ficar pronto, é como na vida: as coisas boas em geral demandam tempo. Para o churrasco, os legumes são cortados da mesma forma, mas arrumados em um padrão espiral mais plano, sobrepostos, e assados bem lentamente até ficarem cremosos por dentro, mas bem crocantes por fora.

Um **churrasco**, na Argentina, geralmente se refere a uma fatia de carne cozida rápido. Mesmo que meu "churrasco de ratatouille" seja assado por duas horas, o resultado, assim como no churrasco de carne, é crocante por fora, mas tão suculento e prazeroso quanto a versão original. Se você preparar um *tian* e sobrar, pode arrumar os

pedaços em espiral em uma assadeira e reaquecê-los em forno quente ou usando a função grill do forno de casa, até ficarem crocantes.

Rende 6 porções

Cerca de 1¼ de xícara (250 ml) de azeite de oliva extravirgem, mais um pouco para finalizar

5 dentes de alho, sem casca

Cerca de 1 kg de beringelas italianas ou arredondadas

Cerca de 1 kg de abobrinhas grossas

Cerca de 1 kg de tomates maduros, mas firmes, como os tomates italianos

Sal grosso e pimenta-do-reino preta moída na hora

Um maço pequeno de tomilho

CROUTONS CROCANTES (p. 297; opcional)

Preaqueça o *horno*, ou um forno doméstico, a 170°C.

Despeje o azeite em uma tigela pequena e rale o alho finamente. Misture e deixe descansar.

Corte a beringela, a abobrinha e o tomate o mais fino possível, de preferência usando uma mandolina, cada um em tigelas separadas. Se o tomate estiver muito maduro, você provavelmente vai ter que cortá-lo à mão.

Para fazer um *tian*: Unte generosamente o fundo de uma assadeira de 20 cm × 25 cm × 5 cm (ou um *tian* de barro) com o azeite de alho.

Faça pequenas pilhas com os vegetais alternados sobre uma tábua. Deite uma pilha e apare uma das laterais apenas o suficiente para que a pilha fique de pé sobre o lado cortado, depois transfira-a para a assadeira. Repita com as pilhas restantes, enchendo a assadeira com longas fileiras de vegetais, apertando-os o mais firmemente possível (isso faz com que eles se

BERINGELA   85

sobre a assadeira. O objetivo é que o nível de azeite/líquido esteja na metade da altura do *tian* ao fim do processo.

Nos últimos 30 minutos, aproxime o *tian* do fogo para aumentar a temperatura para dourar. Se estiver cozinhando dentro de casa, aumente a temperatura do forno para 230°C. A parte de cima deve ficar bem marrom e crocante. Sirva com o restante do tomilho e os croutons espalhados por cima, se desejar.

Para fazer o churrasco: Unte generosamente o fundo de duas assadeiras com algumas colheres (sopa) de azeite de alho, sem usar os pedaços de alho.

Faça uma pilha alternando rodelas dos vegetais sobre uma tábua de corte, depois espalhe-os com a palma da mão (como cartas de baralho) e forme seis espirais levemente sobrepostas, como um cata-vento, sobre as assadeiras untadas. Espalhe a maior parte das folhas de tomilho por cima, regue generosamente com o azeite de alho (agora sim incluindo o alho) e leve ao forno por cerca de 2 horas, até ficar macio e cremoso no meio. Regue com mais azeite de alho, conforme necessário. Nos últimos 30 minutos, aumente o calor aproximando as assadeiras do fogo, até ficar bem dourado e crocante, girando-as de vez em quando para evitar que queimem. Se estiver cozinhando dentro de casa, aumente a temperatura do forno para 230°C ou use a função grill.

Com uma espátula grande e larga, transfira o churrasco para pratos de servir. Finalize com o restante do tomilho e os croutons crocantes, se desejar, e sirva imediatamente. Ou, para servir em estilo familiar, empilhe duas ou três espirais de churrasco uma por cima da outra, como um bolo de camadas, com os croutons crocantes e as ervas entre elas. Corte em fatias para servir.

mantenham suculentos durante o cozimento). Tempere a gosto com sal e pimenta, depois despeje o azeite no alho sobre os vegetais, deixando cerca de 1,25 cm de espaço no topo. Espalhe os raminhos de tomilho por cima, reservando dois deles para finalizar.

Coloque o *tian* dentro de uma assadeira (para o caso de transbordar) e leve ao forno por cerca de 3 horas, até ficar bem macio e cremoso. A cada meia hora, verifique a quantidade de líquido e gire o *tian*. Os vegetais vão liberar muito líquido no começo, e você não quer que ele transborde

BERINGELA *A LA PLANCHA* EM QUATRO VERSÕES

Fatias de beringela são fáceis de serem preparadas na *plancha*. E como a beringela aceita outros sabores com muita facilidade, o único limite às formas de servi-la é a imaginação do cozinheiro (e a disponibilidade de ingredientes). Para fazer justiça às beringelas, o objetivo é que o interior fique macio e cremoso, com uma textura crocante e uma cor dourada na superfície. Há apenas um modo de se conseguir isso: cozinhá-las lentamente em fogo baixo! Você não quer que a parte de fora fique dourada antes que a de dentro esteja cozida.

Sirva apenas com uma salada de folhas frescas e um pouco de limão, ou transforme as beringelas em um prato mais substancial, finalizando-as com uma das sugestões a seguir.

Rende 4 porções

2 beringelas médias

½ xícara (120 ml) de azeite de oliva extravirgem, mais um pouco, se necessário

Um punhado de folhas frescas, rasgadas grosseiramente

Limão-siciliano cortado em gomos

Flor de sal

Prepare um fogo baixo e aqueça a *plancha*. Se estiver cozinhando dentro de casa, aqueça uma ou mais chapas grandes de ferro fundido em fogo baixo.

Remova os cabos e corte as beringelas no sentido do comprimento, em fatias de cerca de 1,25 cm de espessura. Seque-as bem com papel-toalha. Com uma faca afiada, faça talhos de leve em todos os lados cortados. Pincele um dos lados com uma quantidade generosa de azeite.

Pincele a *plancha* ou a chapa quente com um pouco de azeite. Quando começar a chiar, adicione as fatias de beringela, com o lado untado para baixo, sem encher demais a *plancha*. Frite-as até que fiquem bem douradas na parte de baixo, por cerca de 6 minutos. Pincele o outro lado com uma quantidade generosa de azeite e vire, acrescentando mais azeite à *plancha* a qualquer momento, se necessário, caso ela pareça seca. Frite o outro lado até que a beringela esteja crocante, dourada e muito macia quando perfurada com um garfo, por cerca de mais 6 minutos. Disponha as fatias em uma travessa e espalhe as folhas por cima. Regue com azeite e coloque o limão-siciliano cortado em gomos ao lado. Finalize com a flor de sal e sirva.

VARIAÇÕES

BERINGELA COM IOGURTE, SHOYU, PISTACHE E HORTELÃ

FOTO NA PÁGINA AO LADO

Na ilha de Mykonos, a combinação de beringela, iogurte e hortelã é servida em todos os lugares. Pincelar com shoyu foi uma etapa que acrescentei para um dar acabamento salgado e intenso à superfície de cada fatia de beringela. O ideal é servir este prato quando a beringela está bem quente e, o iogurte, bem frio. O contraste desperta o paladar da forma mais agradável possível.

Rende 4 porções

continua

1 xícara (240 ml) de iogurte natural gelado

12 gotas de molho de pimenta Tabasco

Cerca de ½ xícara (120 ml) de shoyu

Um punhado grande de folhas de hortelã frescas, rasgadas

¼ de xícara de pistache, tostado e picado grosseiramente

Misture bem o iogurte e a pimenta em uma tigela pequena. Frite as fatias de beringela conforme descrito (p. 89), depois pincele os dois lados com o shoyu e cubra com o iogurte temperado, a hortelã e o pistache. Sirva o iogurte restante ao lado.

BERINGELA COM PEPINO, CHALOTA, AMÊNDOA E COENTRO

FOTO NA PÁGINA AO LADO

Aqui temos um trio de texturas. O pepino é fresco. As amêndoas são crocantes. A beringela é sedosa. Eu adoro a forma como eles se encontram. E o coentro… bem, o coentro sempre mobiliza opiniões; algumas pessoas amam, outras fogem dele. Eu adoro. Os sabores e as texturas deste simples molho se chocam, enquanto a beringela recebe tudo em um estado zen de harmonia.

Rende 4 porções

1 pepino médio, sem casca, sem sementes e cortado em cubinhos

3 colheres (sopa) de chalota, picada finamente

3 colheres (sopa) de amêndoa, tostada e picada grosseiramente

Um punhado pequeno de folhas picadas de coentro fresco

¼ de xícara de azeite de oliva extravirgem

2 colheres (chá) de vinagre de vinho tinto, mais um pouco, se necessário

Sal grosso e pimenta-do-reino preta moída na hora

Coloque o pepino, a chalota, as amêndoas, o coentro, o azeite e o vinagre em uma tigela. Misture bem e tempere a gosto com sal, pimenta e mais vinagre, se desejar. Frite as fatias de beringela (conforme p. 89) e, em seguida, despeje o molho sobre as fatias.

BERINGELA COM REDUÇÃO DE TOMATE FRESCO, MANJERICÃO E QUEIJO

Se você se vir diante de um excesso de tomates maduros, como costuma acontecer comigo, prepare uma redução fácil de tomates frescos e tenha-a à mão para fazer um molho leve como este ou o que mais despertar seu apetite. O sabor é celestial.

Rende 4 porções

1 xícara (240 ml) de REDUÇÃO DE TOMATE FRESCO (p. 295)

200 g de queijo grana padano ou parmesão em lascas

Um punhado de folhas de manjericão fresco, rasgadas grosseiramente

Azeite de oliva extravirgem

Pimenta-do-reino preta moída na hora

Flor de sal

Frite as fatias de beringela (conforme p. 89) e disponha-as em uma travessa grande. Despeje a redução de tomate sobre a beringela, depois cubra com o queijo e o manjericão. Regue com azeite e tempere a gosto com pimenta e flor de sal.

ALCACHOFRA

MIMOSA DE ALCACHOFRA COM OVOS E AÏOLI 97

ALCACHOFRAS *A LA PLANCHA* COM CONFIT DE LIMÃO E AMÊNDOAS TOSTADAS 98

ALCACHOFRAS COM FAVAS E ERVILHAS 101

ALCACHOFRAS AMASSADAS COM COUVE KALE CROCANTE 104

ALCACHOFRAS CROCANTES COM *LABNEH* E MOLHO DE LIMÃO 107

ALCACHOFRAS FRITAS COM TAHINE E IOGURTE DE GERGELIM PRETO 108

A PIADA ERA EU

Por um golpe de sorte, minhas primeiras empreitadas em restaurantes na América do Sul me renderam dinheiro suficiente durante a alta temporada para que eu pudesse oferecer meu trabalho de graça aos mestres da culinária reinantes na França e na Itália. Não se pode negar as paixões da juventude, e a minha era aprender os segredos da alta gastronomia. Escrevi para todos os três estrelas Michelin na França. Por fim, um decidiu aceitar minha oferta: o Ledoyen, elegante restaurante parisiense do chef Francis Trocellier.

Rapidamente descobri que aprender a arte da alta gastronomia exigia um pouco mais de esforço do que me sentar em uma posição de ioga aos pés do mestre e absorver a sabedoria dele (naquele tempo, era sempre "a sabedoria dele", nunca "dela"). Em vez disso, tudo girava em torno de uma repetição interminável de tarefas banais, até o ponto em que você fosse capaz de fazê-las enquanto dormia. Entre as tarefas menos prestigiadas na cozinha, estava preparar alcachofras. Descascá-las e retirar a membrana interna sem destruir o precioso coração da alcachofra é uma arte que você só aprende depois de ter limpado dezenas de milhares de alcachofras.

Meu aprendizado começou quando monsieur Trocellier me encarregou de descascar caixas e caixas de alcachofras que formavam uma pilha de dois metros de altura. Trabalhando com rapidez e precisão, ele demonstrou como fazia, então me deixou ali, com algumas centenas de alcachofras. Se alguma vez você já limpou uma alcachofra, sabe que é preciso muita concentração, tanto que só depois de algum tempo percebi que toda a brigada da cozinha estava rindo de mim.

O que eu tinha feito para provocar aquelas gargalhadas todas? Parecia que todo mundo estava apontando para alguma coisa debaixo da mesa. Eu estava tão empenhado em limpar alcachofras que não percebi que alguém havia se esgueirado por debaixo da mesa e pintado os meus sapatos de branco!

Aparentemente, era assim que todos os aprendizes de cozinha eram recebidos na equipe do Ledoyen.

Nos anos seguintes, eu me recuperei dessa embaraçosa apresentação às alcachofras e aprendi que, da folha ao coração, passando pelo caule, as alcachofras podem ser refogadas, assadas ou grelhadas na lenha, e desempenhar o papel de companheiras amorosas, mas nunca arrogantes, de ervas, especiarias e vegetais frescos.

MIMOSA DE ALCACHOFRA COM OVOS E AÏOLI

Quando as árvores da acácia-mimosa estão em flor, elas ficam repletas de pequenas flores amarelas e brancas, que pontilham a paisagem da Provence. As cores fazem com que se pareçam bastante com um ovo cozido amassado grosseiramente com um garfo. Ovos preparados dessa forma ficam divinos com alcachofras, e ótimos com aspargos também. Recobertas de um molho ligeiramente azedo e picante, essas alcachofras revelam inúmeras camadas de textura e sabor à medida que você prova.

Rende 4 porções

Sal grosso

8 alcachofras médias, de preferência com o caule comprido

2 limões-sicilianos cortados ao meio

4 ovos

Vinagre de vinho tinto

¼ de xícara de folhas de salsinha fresca picadas finamente

½ xícara (120 g) de AÏOLI (p. 294)

Flor de sal

Prepare um fogo alto e coloque uma grelha sobre ele. Pegue uma panela grande o suficiente para que caibam as alcachofras, como um *caldero* ou uma caçarola (se estiver cozinhando dentro de casa). Encha a panela com água até a metade e tempere com sal. Coloque a panela sobre a grelha (ou leve ao fogão em fogo alto) e deixe ferver.

Sem aparar os caules, retire as folhas externas mais duras das alcachofras. Deite-as de lado e, com uma faca serrilhada afiada (como uma faca de pão), corte a metade superior pontiaguda em linha reta e, em seguida, apare as pontas restantes com uma tesoura de cozinha. Retire a membrana dura ao redor do fundo e do caule, e esfregue as áreas cortadas com sumo de limão ao longo do processo.

Coloque as alcachofras e os limões espremidos na água fervente, tampe parcialmente a panela e cozinhe em fogo médio por cerca de 15 minutos, dependendo do tamanho das alcachofras, até ficarem macias quando espetadas com um palito. Escorra bem as alcachofras em uma peneira, com os caules para cima. Descarte os limões.

Encha uma panela com água suficiente para cobrir os ovos e leve para ferver em fogo médio. Coloque-os com cuidado na água e deixe cozinhar por 6 minutos. Enquanto cozinham, encha uma tigela com água e gelo. Com uma escumadeira, transfira-os diretamente para a água gelada, para interromper o cozimento. Quebre as cascas e descasque os ovos, coloque-os numa tigela e amasse-os grosseiramente com um garfo. Reserve.

Com cuidado, corte as alcachofras ao meio no sentido do comprimento, atravessando todo o caule. Coloque-as em uma superfície plana e raspe as fibras não comestíveis com uma colher de chá. Quando estiverem prontas, disponha-as com o lado cortado para cima em uma travessa larga.

Tempere o ovo amassado a gosto com algumas gotas de vinagre, acrescente a salsinha e misture o aïoli. Coloque a mistura sobre os corações de alcachofra, tempere com a flor de sal e sirva.

ALCACHOFRAS A LA PLANCHA COM CONFIT DE LIMÃO E AMÊNDOAS TOSTADAS

As alcachofras demoram um pouco para cozinhar em fogo baixo, mas concluída essa etapa, elas ficam belamente douradas na *plancha*. É comum dizer que alcachofras não harmonizam bem com vinho. Isso em grande parte é verdade, mas, por alguma razão, entre os inúmeros mistérios do paladar, o champanhe combina muito bem com elas. Embora eu não seja um bebedor de champanhe, me acostumei a me servir de uma taça quando as alcachofras estão no menu.

Rende de 4 a 6 porções

Sal grosso

2 colheres (chá) de sementes de erva-doce

1 cabeça de alho cortada ao meio na transversal

2 folhas de louro

1 colher (chá) de grãos inteiros de pimenta-do-reino preta

6 alcachofras grandes, com os caules

2 limões-sicilianos, cortados ao meio

6 colheres (sopa) de azeite de oliva extravirgem ou mais um pouco, se necessário

½ xícara (115 g) de amêndoas, tostadas e picadas grosseiramente

Encha uma panela grande com água até cerca de 10 cm de altura, coloque sal e leve para ferver com as sementes de erva-doce, o alho, as folhas de louro e a pimenta-do-reino.

Enquanto espera a água ferver, retire as folhas externas mais duras das alcachofras. Deite-as de lado e, com uma faca serrilhada afiada (como uma faca de pão), corte cerca de ⅔ da parte superior em linha reta. Retire a membrana dura ao redor do fundo e do caule e esfregue as áreas cortadas com sumo de limão ao longo do processo.

Acrescente as alcachofras e as metades de limão espremidas à água fervente e ajuste o fogo para manter um leve fervilhar. Tampe parcialmente a panela e cozinhe por cerca de 20 minutos, dependendo do tamanho das alcachofras, até que o fundo delas esteja macio quando espetado. Escorra-as bem em uma peneira, com o caule virado para cima, e reserve as metades dos limões, dos dentes de alho, das sementes de erva-doce e dos grãos de pimenta.

Corte as alcachofras ao meio no sentido do comprimento e raspe as fibras não comestíveis usando uma colher de chá. Seque-as com papel-toalha. Coloque-as em uma tigela com 4 colheres (sopa) de azeite, alho e as especiarias reservadas, e misture levemente para recobrir. Deixe marinar por até 2 horas.

Corte cada uma das metades de limão reservadas novamente ao meio e coloque-as com a casca para baixo em uma superfície plana. Com uma faca afiada, raspe toda a polpa e a parte branca

da casca, deixando apenas a parte amarela. Corte essa parte em tiras de 2,5 cm e coloque em uma tigela pequena. Regue com as 2 colheres (sopa) de azeite restantes, misture para recobrir e reserve.

Prepare um fogo médio e aqueça a *plancha* (ou aqueça uma chapa grande de ferro fundido em fogo médio, se estiver cozinhando dentro de casa). Pincele a *plancha* ou a chapa quente com azeite.

Quando o óleo começar a chiar, adicione as alcachofras.

Doure-as até ficarem crocantes e tostadas de todos os lados, por cerca de 5 minutos. Quando estiverem quase prontas, despeje as tiras de casca de limão-siciliano na superfície quente, para dourarem levemente. Disponha em uma travessa, espalhe as amêndoas tostadas por cima e sirva.

ALCACHOFRA 99

ALCACHOFRAS COM FAVAS E ERVILHAS

Esta salada é repleta do espírito da primavera, marcada pelo retorno do verde à paisagem. Mas, por ser tão simples, tudo aqui depende de as ervilhas estarem doces, as favas ainda pequenas e tenras, e as alcachofras macias e delicadas. Preste muita atenção ao cozinhar as ervilhas; você quer que elas fiquem al dente. A hortelã dá liga ao prato; essa folha refrescante está entre as primeiras ervas da estação.

Rende 4 porções

4 alcachofras grandes

2 limões-sicilianos: 1 cortado ao meio, 1 cortado em gomos para servir

Sal grosso

1 folha grande de louro

3 colheres (sopa) de azeite de oliva extravirgem, mais um pouco, conforme necessário

Pimenta-do-reino preta moída na hora

2 xícaras (240 g) de favas jovens e frescas retiradas da vagem, descascadas e branqueadas

1½ xícara (180 g) de ervilhas jovens e frescas retiradas da vagem

CROUTONS CROCANTES (p. 297)

Folhas de alguns ramos de hortelã, rasgadas

Prepare um fogo médio e aqueça a *plancha*. (Ou use uma chapa grande de ferro fundido, se estiver cozinhando dentro de casa.)

Enquanto isso, retire as folhas externas mais duras de cada alcachofra. Deite-as de lado e, com uma faca serrilhada afiada (como uma faca de pão), corte cerca de ⅔ da parte superior em linha reta. Retire a membrana dura ao redor do fundo e do caule e esfregue as áreas cortadas com sumo de limão ao longo do processo.

Leve ao fogo alto uma panela grande com água e sal e acrescente as alcachofras, as metades espremidas de limão e a folha de louro. Cozinhe por cerca de 20 minutos, até que estejam totalmente macias quando atravessadas com um espeto. Escorra bem e deixe esfriar, reservando os pedaços de limão.

Rasgue o limão cozido em pedaços menores. Raspe toda a polpa e a parte branca da casca e reserve apenas a parte amarela.

Corte as alcachofras ao meio e retire todas as folhas restantes, exceto as mais tenras. Usando uma colher de chá, raspe e descarte as fibras não comestíveis. Corte cada metade de alcachofra novamente ao meio e reserve em uma tigela. Regue com 2 colheres (sopa) de azeite, misture bem e tempere a gosto com sal e pimenta.

Enquanto isso, leve uma panela com água e sal para ferver em fogo alto. Adicione as favas e cozinhe por 2 a 4 minutos, até ficarem macias. Escorra em uma peneira debaixo de água fria corrente e reserve em uma tigela. Separadamente, leve outra panela com água e sal para ferver e adicione as ervilhas, mas cozinhe-as apenas por cerca de 1 minuto, até ficarem macias. Escorra imediatamente em uma peneira debaixo de água fria corrente. Misture as ervilhas com as favas e tempere com 1 colher (sopa) de azeite, sal e pimenta a gosto.

Pincele a *plancha* quente com azeite (se estiver cozinhando dentro de casa, aqueça uma chapa em fogo médio, depois pincele-a com azeite) e coloque as alcachofras sobre ela. Doure-as até ficarem bem crocantes, por 3 a 4 minutos.

Para servir, coloque as favas e as ervilhas em uma travessa comprida, com as alcachofras douradas e a casca de limão por cima, e cubra com os croutons crocantes e as folhas de hortelã rasgadas. Sirva com o limão cortado em gomos.

ALCACHOFRAS AMASSADAS COM COUVE KALE CROCANTE

Eu gosto de comidas amassáveis. Da mesma maneira que com batatas ou beterrabas, as alcachofras — quando amassadas e jogadas na *plancha* — ficam crocantes e douradas por fora e com uma textura rústica por dentro, de um jeito que você experimenta duas sensações diferentes em uma só garfada. A kale também é resistente o bastante para ficar crocante, em vez de se render ao calor como outras verduras mais frágeis. Combine as duas e você terá uma receita saborosa, acentuada pela intensidade da ciboulette fresca.

Nota: Muitas vezes, preparo uma refeição simples com alcachofras a la plancha *servidas com um queijo robusto — o Tomme fica divino, assim como o Manchego envelhecido, ou um cheddar curado (tipo inglês) bem adocicado.*

Rende 4 porções

4 alcachofras grandes

3 limões-sicilianos, 1 cortado ao meio e 2 cortados em gomos, para servir

Sal grosso

1 folha de louro

6 colheres (sopa) de azeite de oliva extravirgem, mais um pouco para a *plancha*

12 folhas grandes de couve kale, sem os talos

1 maço de ciboulette, picada

Flor de sal

Prepare um fogo médio-alto e aqueça a *plancha*. (Ou use uma chapa grande de ferro fundido, se estiver cozinhando dentro de casa.)

Enquanto isso, corte as alcachofras. Deite uma de lado e, com uma faca serrilhada afiada (como uma faca de pão), corte cerca de ⅔ da parte superior em linha reta. Apare o caule e retire a membrana dura ao redor do fundo e esfregue as áreas cortadas com sumo de limão ao longo do processo. Repita com as demais alcachofras.

Leve uma panela grande com água e sal para ferver e acrescente as alcachofras, as metades espremidas de limão-siciliano e a folha de louro. Tampe parcialmente a panela e cozinhe por cerca de 20 minutos, até que as alcachofras estejam totalmente macias quando atravessadas com um espeto. Escorra bem em uma peneira e deixe até esfriar o suficiente para que possam ser manuseadas.

Retire todas as folhas mais duras e corte as alcachofras ao meio no sentido do comprimento. Usando uma colher de chá, raspe e descarte as fibras não comestíveis. Apare qualquer pedaço mais duro que restar com uma faca de legumes afiada. Coloque uma alcachofra com o lado cortado para baixo sobre uma superfície plana e, usando as duas mãos, amasse-a delicadamente, mas com firmeza, deixando-a o mais achatada possível. Se ela não ceder, tente de outro ângulo. Pode ser que sua aparência fique um pouco estranha, mas tudo bem. Pegue a alcachofra usando uma espátula fina e comprida e reserve em uma assadeira. Repita o processo com as demais. Quando estiverem todas amassadas, regue-as com 2 colheres (sopa) de azeite e reserve.

Pincele a *plancha* quente com azeite (se estiver cozinhando dentro de casa, aqueça uma chapa em fogo médio-alto e depois pincele com azeite) e disponha as folhas de couve sobre a superfície quente. Deixe-as amolecer por cerca de 3 minutos,

depois espalhe 2 colheres (sopa) de azeite sobre elas e vire para cozinhar do outro lado, até ficarem crocantes, por cerca de 2 minutos.

Enquanto isso, pincele outra área da *plancha* ou uma chapa em separado com azeite e coloque as alcachofras amassadas sobre ela. Frite-as em fogo médio, para dourar, por 2 a 3 minutos. Raspe as alcachofras com a espátula e vire-as para dourar ligeiramente do outro lado. Retire-as com a espátula e coloque-as sobre a couve. Espalhe a *ciboulette* por cima e use a espátula para transferi-las para os pratos individuais. Finalize com a flor de sal e sirva com o limão cortado em gomos ao lado.

ALCACHOFRA 105

ALCACHOFRAS CROCANTES COM *LABNEH* E MOLHO DE LIMÃO

Esta receita é semelhante à de alcachofras fritas (p. 108), mas com um preparo um pouco mais rápido e mais fácil de comer com um garfo ou com as mãos. Há mais superfície para ficar crocante quando as alcachofras estão cortadas que se estivessem inteiras. E quando se trata de vegetais, não há limite na hora de deixar tudo crocante.

O *labneh* é mais denso que o iogurte grego, o que o torna mais parecido com o cream cheese. Você também pode experimentar substituir por um queijo de cabra cremoso suave ou um queijo de leite de ovelha.

Rende 4 porções

4 alcachofras grandes

2 limões-sicilianos

1 xícara (240 ml) de azeite de oliva extravirgem ou mais um pouco, se necessário

Sal grosso e pimenta-do-reino preta moída na hora

230 g de *labneh* ou coalhada seca

2 colheres (sopa) de ciboulette fresca, picada

Para aparar as alcachofras, retire todas as folhas externas mais duras e corte a extremidade inferior do caule. Deite a alcachofra de lado e, com uma faca serrilhada afiada (como uma faca de pão), corte cerca de ⅔ da parte superior em linha reta. Retire a membrana dura ao redor da base e do caule e esfregue todas as áreas cortadas com o sumo de 1 limão.

Encha uma panela grande com água até a metade e leve para ferver. Acrescente as alcachofras e as metades espremidas de limão e cozinhe em um fervilhar suave por cerca de 15 minutos, dependendo das alcachofras, até que estejam completamente macias quando espetadas com um palito. Escorra em uma peneira e espere esfriar o suficiente até que possam ser manuseadas.

Corte-as em três ou quatro pedaços, de acordo com o tamanho. Usando uma colher de chá, raspe e descarte as fibras não comestíveis. Apare quaisquer outros pedaços que pareçam mais duros. Seque-as e coloque em uma tigela com cerca de 3 colheres (sopa) de azeite, ou o suficiente para recobri-los e não ressecar. Esta receita pode ser preparada com antecedência até essa etapa. Se assim o fizer, as alcachofras podem ser mantidas na tigela por até 2 horas, até que esteja na hora de fritá-las.

Prepare um fogo médio-alto e coloque uma grelha sobre ele. Pegue uma panela grande e funda de ferro fundido, como um *caldero* ou uma caçarola.

Para fazer o molho de limão, rale a casca do limão restante e reserve. Corte a fruta ao meio e esprema seu sumo em uma tigela pequena, sobre uma peneira. Com um garfo, vá batendo para incorporar aos poucos de 3 a 4 colheres (sopa) de azeite ao sumo de limão, provando ao longo do processo, até que o sabor esteja ao seu gosto. Tempere com sal e pimenta e reserve.

Coloque a panela sobre a grelha (ou leve ao fogo médio-alto, se estiver cozinhando dentro de casa) e adicione azeite para cobrir cerca de 10 cm da altura da panela. Forre uma assadeira com papel-toalha e prepare uma escumadeira comprida. Quando o azeite estiver quente o suficiente a ponto de chiar e borbulhar em torno de uma folha de alcachofra usada como teste, frite as alcachofras em quatro levas. Vire-as para ficarem crocantes de todos os lados. Após cerca de 3 minutos, retire-as com a escumadeira e coloque sobre a assadeira forrada, para escorrer.

Para servir, espalhe um pouco do *labneh* em pratos individuais. Coloque as alcachofras por cima e regue com o molho. Finalize com as raspas de limão reservadas e a ciboulette. Sirva imediatamente.

ALCACHOFRA 107

ALCACHOFRAS FRITAS COM TAHINE E IOGURTE DE GERGELIM PRETO

Em Roma, a comunidade ancestral judaica é conhecida por fritar alcachofras até que fiquem se parecendo com flores gigantes preservadas em âmbar quando estavam prestes a desabrochar. A cor delas vem do efeito caramelizante da fritura em óleo bem quente. Aprendi a amá-las quando trabalhei na Enoteca Pinchiorri, um três estrelas Michelin em Florença. No entanto, minha paixão pelas alcachofras fritas não se deu porque as servíamos no restaurante, mas porque eram vendidas em barraquinhas nas proximidades a preços que um jovem aprendiz de cozinha podia pagar. O molho de iogurte é um contraponto refrescante, cravejado do aroma acastanhado do gergelim preto. Agradeço a Sebastian Benitez, meu chef no Los Fuegos, em Miami, por este prato delicioso.

Rende 2 porções

2 limões-sicilianos cortados ao meio

4 alcachofras médias

Azeite de oliva (ou um misto de azeite e óleo vegetal) para fritar

Folhas de alguns ramos de tomilho

PARA O MOLHO DE IOGURTE

1½ xícara (360 ml) de iogurte grego natural

2 colheres (sopa) de tahine

2 colheres (sopa) de sumo de limão-siciliano espremido na hora

1 dente de alho ralado

2 colheres (chá) de sementes de gergelim preto, tostadas

Sal grosso

Prepare um fogo médio-alto e coloque uma grelha sobre ele. Pegue uma panela grande e funda de ferro fundido, como um *caldero* ou uma caçarola.

Encha uma tigela grande até a metade com água, esprema os limões nela e depois adicione as metades espremidas. Apare os caules das alcachofras, deixando cerca de 2,5 cm. Retire as folhas externas mais duras e coloque as alcachofras sobre uma superfície plana. Com uma faca serrilhada afiada (como uma faca de pão), corte cerca de ⅔ da parte superior em linha reta. Em seguida, vá aparando as folhas restantes com uma ligeira inclinação, girando a alcachofra de modo a obter um formato de pinha. Retire a membrana dura ao redor da base e do caule. Usando uma colher de ponta fina ou um boleador de frutas, retire e descarte as fibras não comestíveis e, em seguida, mergulhe as alcachofras imediatamente na água com limão.

Para fazer o molho, misture o iogurte, o tahine, o sumo de limão, o alho e 1 colher (chá) do gergelim em uma tigela. Quando estiver bem misturado, tempere com sal a gosto. Reserve. (O molho de iogurte pode ser preparado com antecedência e guardado na geladeira.)

Forre uma assadeira com papel-toalha e prepare uma escumadeira comprida.

Coloque o *caldero* ou a panela sobre a grelha (ou em fogo médio-alto, se estiver cozinhando dentro de casa) e adicione azeite até a metade. Aqueça-o a cerca de 170°C. O óleo deve borbulhar delicadamente em torno de uma folha de alcachofra usada como teste.

Adicione as alcachofras em lotes e as frite lentamente, virando-as de vez em quando, por

cerca de 15 minutos. Quando estiverem douradas e bem crocantes, retire-as com a escumadeira e as transfira para a assadeira forrada com o lado cortado para baixo, para escorrer.

Coloque uma colherada do molho de iogurte em dois pratos individuais e disponha duas alcachofras em cada um. Finalize com o gergelim restante e as folhas de tomilho. Sirva imediatamente.

Ah, flores!

A história é mais ou menos assim:

Eu me lembro de uma cena da minha infância como se fosse hoje. Cheia de cor e vida: o jardim de Alfred e Ruth von Ellrichshausen. Eles fugiram da Alemanha durante a Segunda Guerra Mundial e se estabeleceram em nossa cidade, Bariloche. Consigo até mesmo imaginar Alfred trabalhando em seu viveiro repleto de rosas, lírios, cravos e camélias desabrochando — mais flores do que eu era capaz de identificar quando me deparei com elas pela primeira vez, aos seis anos. Como um cavalheiro inglês, Alfred sempre usava gravata quando estava cuidando das plantas. Será que as flores sabiam que estavam sendo tratadas com tanta formalidade?

Tenho uma memória particularmente vívida dos almoços de domingo em seu jardim. Em geral éramos um grupo de dez ou doze pessoas. A refeição era servida debaixo de um pé de coihue com a copa espalmada. Tenho certeza de que a comida era excelente, mas, para ser sincero, não me lembro de nada. O maior impacto no meu coração era o da música — havia sempre um quarteto de cordas tocando uma peça clássica — e, claro, o riso era um gênero musical por si só. Mas, acima de tudo, eu vejo vasos cheios de flores: recém-colhidas e arrumadas de um modo extremamente informal. É difícil ser infeliz com flores por perto.

A lição que aprendi naquela tenra idade ainda me guia sempre que ponho uma mesa ou organizo um evento: certifique-se de que haja flores.

BETERRABA

BETERRABA NO *RESCOLDO* **COM LARANJA, FUNCHO E MOLHO DE ENDRO** 117

BETERRABA AMASSADA COM SUAS PRÓPRIAS FOLHAS, CHIPS DE ALHO E MAIONESE VEGANA 119

SALADA DE BETERRABA E AMEIXA 120

SALADA DE BETERRABA, LENTILHA E ABACATE COM ARROZ CROCANTE 123

BETERRABAS E ENDÍVIAS 125

LET IT BE(TERRABA)

A palavra em espanhol para "beterraba" é *remolacha*. Que palavra agradável de pronunciar! A língua se enrosca dentro da boca, como quando falamos *ravioli* ou *linguine*. Só passei a apreciar beterraba de verdade quando comecei a cozinhar com fogo. Antes disso, quando trabalhei nas cozinhas parisienses, beterraba era quase um palavrão. "Por que comer isso?", meus amigos cozinheiros perguntavam. "Nós usamos como ração pros animais de estimação e pras galinhas." Só havia beterrabas pré-cozidas, em embalagens plásticas. Eu gostaria de voltar no tempo e dizer a esses antigos camaradas de cozinha que a beterraba, assim como uma pessoa tímida em um jantar, tem muita personalidade se você for paciente o suficiente para ouvi-la. Ela possui alto grau de açúcares, então, se você a cozinha para realçar a doçura e depois a amassa na *plancha* (p. 119), obtém uma bela crosta queimada. Também é um daqueles alimentos pouquíssimo ácidos ou picantes, então combina maravilhosamente bem com vinagre ou frutas cítricas. Há alguns anos, durante uma viagem à Austrália, David Tanis (cujas receitas simples e maravilhosas aparecem regularmente no *The New York Times*) me ensinou a apreciá-la crua, ralada, servida numa salada. Eu faço isso com muita frequência.

BETERRABA NO *RESCOLDO* COM LARANJA, FUNCHO E MOLHO DE ENDRO

Esta receita me faz pensar em um jantar íntimo com três convidados que se gostam, talvez porque sejam diferentes entre si, mas que combinam. As beterrabas trazem carvão, fumaça e doçura ao prato. As laranjas, por sua vez, ecoam a doçura da beterraba e contribuem com acidez. A beterraba gosta sempre de algo picante — seja de laranja, limão, vinagre ou qualquer outro ingrediente capaz de avivar seu sabor. E o funcho: bem, ele é bem-vindo porque se contenta em destacar os melhores aspectos de seus parceiros. E, claro, porque tem uma textura crocante muito agradável. São muito poucas as receitas que não se beneficiam de alguma textura crocante.

Rende 4 porções

4 beterrabas

2 laranjas

Um punhado de folhas de endro fresco, picadas finamente

1 bulbo de funcho pequeno, cortado em cubinhos

1½ colher (chá) de sementes de erva-doce, tostadas

¼ de xícara de azeite de oliva extravirgem

Sal grosso

Prepare o fogo e deixe o carvão queimar até formar uma cama de brasas, carvões e cinzas para o *rescoldo*. Como em qualquer cozimento com o *rescoldo*, você quer uma mistura de cinzas quentes e algumas brasas incandescentes, até mesmo alguns pedaços de carvão inteiros para cobrir e cercar as beterrabas, de modo que elas queimem lentamente por fora enquanto cozinham por dentro. Enterre as beterrabas nas brasas, nas cinzas e nos carvões e deixe-as cozinhar por cerca de 1 hora, até ficarem macias quando espetadas com um palito. O tempo vai depender da frescura e da maturação das beterrabas.

Se estiver cozinhando dentro de casa, preaqueça o forno a 200°C. Embrulhe cada beterraba em papel-alumínio e asse por cerca de 1 hora, até que estejam completamente macias quando espetadas com um palito.

Enquanto isso, prepare o molho. Apare as duas extremidades das laranjas e, com uma faca afiada, retire a casca, inclusive a parte branca, deixando apenas a polpa. Segure uma laranja sobre uma tigela e solte os gomos por entre as membranas, deixando cair os gomos e o sumo na tigela; descarte as membranas. Repita com a segunda laranja. Quebre os gomos em pedaços menores e adicione o endro, o funcho em cubinhos e as sementes de erva-doce. Regue com o azeite e tempere com sal a gosto.

Quando as beterrabas estiverem prontas, limpe bem todas as cinzas e retire as cascas usando os dedos. Limpe-as com um papel-toalha úmido, se estiverem muito sujas de cinzas. Corte as beterrabas ao meio, arrume-as em uma travessa e espalhe o molho por cima.

BETERRABA AMASSADA COM SUAS PRÓPRIAS FOLHAS, CHIPS DE ALHO E MAIONESE VEGANA

Se me pedissem uma imagem que expressasse minha linguagem culinária, este prato seria um bom exemplo. Os ingredientes têm uma aparência esfacelada, como soldados caídos no campo de batalha. Mas os sabores intensos nesse cenário caótico estão bastante vivos quando encontram o seu paladar. A maionese vegana — feita com *aquafaba* — agrega sabores e texturas díspares, da mesma forma que sua ancestral não vegana. Procure beterrabas com ramas frescas e abundantes — o fogo adora.

Rende 4 porções

4 beterrabas jovens e frescas com as ramas

Sal grosso

2 dentes de alho, sem casca

Alguns ramos de alecrim

Azeite de oliva extravirgem

Vinagre de vinho tinto

CHIPS DE ALHO CROCANTE (p. 296) para servir

MAIONESE VEGANA (p. 294) para servir

Prepare um fogo alto e aqueça a *plancha*. (Ou use uma chapa grande de ferro fundido, se estiver cozinhando dentro de casa.)

Corte as ramas das beterrabas e separe as folhas mais bonitas, descartando as desbotadas ou comidas por insetos. Lave as folhas, seque e reserve sobre panos de prato limpos.

Coloque as beterrabas em uma panela funda com água suficiente para cobri-las, acrescente sal e, em seguida, coloque os 2 dentes de alho e o alecrim. Deixe ferver e cozinhe em fogo médio por cerca de 30 minutos, dependendo das beterrabas, até que estejam completamente macias quando espetadas com um palito. Escorra e deixe descansar até que esfriem o suficiente para serem manuseadas.

Forre uma assadeira com papel-alumínio e deixe algumas folhas de papel-toalha à mão.

Coloque uma beterraba entre duas folhas de papel-toalha sobre uma superfície plana. Com a palma da mão, amasse-a lenta e delicadamente para que fique achatada, mas sem desmanchar. Se isso acontecer, não se preocupe — apenas molde-a de volta à forma original. Com uma espátula larga, transfira a beterraba amassada para a assadeira forrada e pincele-a com azeite. Repita com as demais beterrabas.

Pincele a *plancha* quente com azeite (se estiver cozinhando dentro de casa, aqueça a chapa em fogo alto e depois pincele com azeite). Quando o óleo começar a chiar, coloque as beterrabas com cuidado sobre a *plancha*, sem encher demais. Frite-as até que fiquem crocantes e chamuscadas, por cerca de 2 minutos de cada lado. Coloque-as de volta na assadeira quando estiverem prontas. Mantenha a *plancha* ou a chapa aquecida.

Passe mais azeite sobre a *plancha* ou sobre a chapa e coloque as folhas de beterraba sobre ela; frite-as por cerca de 1 minuto. Quando você começar a ver manchas de chamuscado no fundo, passe mais um pouco de azeite sobre as folhas e vire para tostá-las brevemente do outro lado.

Para servir, arrume as beterrabas e suas folhas em uma travessa. Tempere a gosto com o vinagre, finalize com os chips de alho e sirva com a maionese vegana ao lado.

SALADA DE BETERRABA E AMEIXA

A combinação das beterrabas crocantes e quentes, das ameixas cruas em fatias com o impacto inesperado das pimentas é o que torna esta salada tão memorável. Eu enxergo as ameixas como anjos e as beterrabas como diabinhos; orações de um lado, luxúria do outro. A cremosidade da ricota mantém esse contraste sob controle.

Rende 4 porções

4 beterrabas

Cerca de 4 xícaras (1 litro) de caldo de legumes ou água, ou uma mistura dos dois

2 dentes de alho, sem casca

6 ramos de endro

2 colheres (sopa) de vinagre balsâmico

Azeite de oliva extravirgem

Sal grosso

4 ameixas vermelhas maduras

1 xícara (230 g) de ricota fresca

1 ou 2 pimentas pequenas, cortadas ao meio, sem sementes, e em rodelas finas

CROUTONS CROCANTES (p. 297)

Aqueça o *horno*, ou um forno doméstico, a 190°C.

Coloque as beterrabas em uma panela pequena que tenha tampa ou em uma assadeira mais alta que as beterrabas. Despeje caldo até atingir cerca de ⅔ da altura das beterrabas. Acrescente o alho, metade do endro, o vinagre, o azeite e sal a gosto. Tampe a panela ou cubra bem a assadeira com papel-alumínio e cozinhe as beterrabas por cerca de 1 hora, dependendo do tamanho das beterrabas, até que estejam completamente macias quando espetadas com um palito.

Quando as beterrabas estiverem frias o suficiente para serem manuseadas, corte-as ao meio e pincele azeite. Enquanto isso, com uma faca afiada, corte as ameixas o mais fino que conseguir, contornando o caroço. Rasgue o endro restante em pedaços, descartando os caules mais duros, e reserve.

Prepare um fogo alto e aqueça a *plancha*. Se estiver cozinhando dentro de casa, aqueça uma chapa grande de ferro fundido em fogo alto.

Quando estiver quente, pincele a *plancha* ou chapa com azeite. Quando o óleo começar a chiar, coloque as beterrabas com o lado cortado para baixo. Frite até a parte de baixo ficar crocante, por cerca de 2 minutos. Transfira para uma travessa grande.

Arrume as ameixas na travessa, ao redor das beterrabas. Adicione colheradas de ricota, as rodelas de pimenta, os croutons crocantes e o endro restante.

SALADA DE BETERRABA, LENTILHA E ABACATE COM ARROZ CROCANTE

Esta receita começou pela ideia do arroz crocante, que aprendi com um amigo iraniano em Paris. Tínhamos passado um tempo agradável tomando negronis quando, em determinado momento, ele disse que ia me mostrar como se fazia um clássico arroz persa. No sábado seguinte, fui com ele até uma mercearia iraniana, onde ele me apresentou aos aromas de uma grande variedade de arrozes. Escolhi um basmáti com um perfume adocicado. Ele o cozinhou em uma panela selada com um pano de prato por debaixo da tampa, e o resultado foi um delicioso bolo crocante. Esta receita da Patagônia está bem distante do arroz do meu amigo, mas, de alguma forma, a combinação do abacate cremoso, das lentilhas terrosas, da beterraba assada adocicada e do arroz crocante nasceu da lembrança de uma tarde de coquetéis em Paris. Cada vez mais descubro que a cozinha me leva por caminhos tão inesperados quanto reconfortantes.

Rende de 4 a 6 porções

4 beterrabas grandes

Cerca de ½ xícara (120 ml) de azeite de oliva extravirgem, mais um pouco, se necessário

Sal grosso e pimenta-do-reino preta moída na hora

1½ xícara (300 g) de lentilha

1 avocado grande

Um punhado de folhas de coentro fresco

AÏOLI (p. 294)

PARA O ARROZ CROCANTE

1 colher (sopa) de azeite de oliva extravirgem

1 cebola, picada finamente

3 dentes de alho, esmagados e sem casca

2 xícaras (360 g) de arroz basmáti

2 colheres (chá) de folhas de orégano fresco

2 colheres (chá) de folhas de tomilho fresco

4 xícaras (480 ml) de água quente

Sal grosso e pimenta-do-reino preta moída na hora

Aqueça o *horno*, ou um forno doméstico, a 190°C.

Embrulhe as beterrabas em papel-alumínio, coloque-as em uma assadeira e asse por cerca de 1 hora, dependendo do tamanho das beterrabas, até que estejam completamente macias quando espetadas com um palito. Quando estiverem frias o suficiente para serem manuseadas, retire as cascas e corte-as ao meio. Coloque-as em uma tigela com os sumos que ficaram no papel-alumínio, um fio de azeite, sal e pimenta a gosto.

Enquanto isso, aqueça o azeite em uma panela não muito grande em fogo médio-baixo. Adicione a cebola e o alho e refogue, mexendo de vez em quando, por cerca de 8 minutos, até a cebola ficar translúcida. Junte o arroz, o orégano e o tomilho; mexa para misturar bem com a cebola. Acrescente a água — ela deve cobrir o arroz e ultrapassá-lo em cerca de 1,25 cm. Tempere com sal e pimenta, espere ferver e deixe cozinhar assim por 2 minutos. Reduza o fogo para um fervilhar e cozinhe, com tampa, por cerca de 15 minutos, até que o arroz esteja macio e tenha absorvido toda a água. Reserve.

Coloque as lentilhas em uma panela e acrescente água suficiente para cobri-las e sobrar 8 cm de água por cima. Espere ferver, retire qualquer espuma que se forme e cozinhe em fogo brando por cerca de 20 minutos ou até que elas estejam macias, mas não moles, e o líquido tenha reduzido. Escorra sobre uma tigela, reservando o líquido da cocção. Transfira as lentilhas para outra tigela e tempere com azeite, sal e pimenta a gosto.

Prepare um fogo médio-alto e aqueça a *plancha*. Se cozinhar dentro de casa, aqueça uma grande chapa de ferro fundido em fogo médio-alto.

Prepare um fogo médio-alto, e aqueça a *plancha*. Se estiver cozinhando dentro de casa, aqueça uma chapa grande de ferro fundido em fogo médio-alto.

Despeje ¼ de xícara de azeite em uma tigela. Com uma faca pequena e afiada, descasque o abacate e coloque-o na tigela, virando-o para cobrir todos os lados. Quando a *plancha* ou a chapa estiver quente, pincele-a generosamente com azeite. Quando o óleo começar a chiar, coloque o abacate sobre a *plancha* para dourar de um lado, por cerca de 3 minutos. Vá virando para dourar dos outros lados, e reserve. Passe uma folha de papel-toalha untada com azeite sobre a superfície da *plancha* ou da chapa.

Corte as beterrabas ao meio e pincele os lados cortados com azeite. Coloque-as com o lado cortado para baixo na *plancha* ou na chapa quente até que fiquem ligeiramente chamuscadas e bem crocantes, por cerca de 3 minutos.

Limpe a *plancha* ou a chapa quente mais uma vez e pincele-a generosamente com azeite. Quando começar a chiar, coloque porções de arroz do tamanho de 1 xícara na superfície quente, e use uma espátula para achatá-las e formar discos de cerca de 1,25 cm de espessura. Frite por alguns minutos, até que fique dourado e crocante na parte de baixo, depois levante cuidadosamente com duas espátulas largas, uma em cada mão, e transfira para uma travessa grande com a crosta para cima. Não se preocupe se eles quebrarem; você pode reagrupá-los.

Adicione as lentilhas à travessa, umedecendo--as com o líquido reservado, e coloque as folhas de coentro por cima. Adicione as beterrabas e o abacate inteiro. Espalhe o aïoli sobre o arroz crocante, regue todo o prato com azeite e leve a travessa à mesa com uma faca afiada para cortar porções do abacate.

BETERRABAS E ENDÍVIAS

O amargor das endívias chamuscadas, nos meses de outono e no início do inverno, é indiscutivelmente revigorante — um apropriado contraste com as beterrabas, que transbordam de doçura como as bolhas de uma taça de champanhe servida às pressas. O rabanete ralado proporciona um toque pungente.

Rende 4 porções

4 beterrabas

Sal grosso

2 colheres (sopa) de vinagre de vinho tinto

4 dentes de alho grandes, sem casca

½ xícara (120 ml) de azeite de oliva extravirgem ou mais um pouco para finalizar

4 endívias

Pimenta-do-reino preta moída na hora

2 rabanetes picantes pequenos

Prepare um fogo alto e aqueça a *plancha* (ou uma chapa grande de ferro fundido, se estiver cozinhando dentro de casa).

Apare as beterrabas, mantendo cerca de 2,5 cm dos caules. Limpe-as muito bem. Coloque-as em uma panela funda com água até cobrir e adicione sal, o vinagre e o alho. Espere ferver e cozinhe em fogo médio por cerca de meia hora, dependendo do tamanho das beterrabas, ou até que elas estejam totalmente macias quando espetadas com um palito. Escorra em uma peneira. Quando estiverem frias o suficiente para serem manuseadas, corte-as ao meio no sentido do comprimento. Coloque-as em uma assadeira e pincele-as generosamente com azeite dos dois lados.

Enquanto isso, corte as endívias ao meio (ou em quartos, se forem grandes) no sentido do comprimento e pincele os lados cortados com um pouco de azeite. Tempere a gosto com sal e pimenta.

Pincele a *plancha* quente com azeite (se estiver cozinhando dentro de casa, aqueça a chapa em fogo alto primeiro e depois pincele com azeite). Quando começar a chiar, doure as endívias nos lados cortados até ficarem levemente chamuscadas, por 1 a 2 minutos. Arrume-as em uma travessa de servir.

Passe mais azeite na *plancha* ou na chapa e toste as beterrabas com o lado cortado para baixo, até ficarem bem douradas e crocantes, por cerca de 2 minutos. Disponha-as entre as endívias na travessa. Finalize com azeite e rale os rabanetes por cima.

REPOLHO (E SEUS PRIMOS)

MINHA SALADA DE REPOLHO PREFERIDA   130

REPOLHO INTEIRO ASSADO COM MOLHO DE TORANJA, NOZES E CAMPARI   131

BIFE DE REPOLHO EM QUATRO VERSÕES   134

SALADA DE COUVE-DE-BRUXELAS EM LASCAS COM TOMATE-CEREJA E ALHO   137

FOLHAS DE COUVE-DE-BRUXELAS *A LA PLANCHA* COM LIMÃO E PIMENTA   138

FOLHAS DE COUVE-DE-BRUXELAS CHAMUSCADAS COM NOZES   141

COUVE-FLOR ASSADA INTEIRA COM GERGELIM, LIMÃO CHAMUSCADO E VERMUTE   144

BRÓCOLIS *A LA PLANCHA* COM TOMATE SECO   146

MISTERIOSAMENTE DOCE, DISCRETAMENTE ELEGANTE

Repolhos, couves-de-bruxelas, brócolis e couves-flores, dizem os botânicos, são todos aparentados. Eu não sabia disso quando era pequeno, mas, como muitas crianças, colocava todos no mesmo barco. O que esses vegetais tinham em comum, para mim, era a forma como eram preparados: na maioria das vezes, cozidos até quase se desfazerem. Como os repolhos são resistentes e suportam o frio, estão entre os poucos vegetais frescos à disposição no outono e início do inverno. Talvez a couve-de-bruxelas e o brócolis não fossem consumidos com o mesmo prazer que uma delicada folha de alface colhida da horta e temperada com um vinagrete robusto, mas pelo menos eram uma alternativa bem-vinda ao trio carne, batata e feijão seco. Só muitos anos depois, quando parei de tentar fazer comida francesa chique para a alta classe de Buenos Aires e estava feliz no meu caso de amor com o fogo, foi que aprendi como o repolho, a couve-de-bruxelas, o brócolis e a couve-flor podem se tornar elegantes, defumados e até mesmo doces se preparados lentamente no fogo. E como combinam com quase qualquer tipo de molho ou guarnição imaginável. Gosto de tostá-los em uma *plancha* bem quente, defumá-los lentamente sobre as brasas de um fogo baixo ou assá-los no meu forno a lenha.

Mas antes de acender o fogo, vá ver uma receita extremamente simples que eu preparo quase todos os dias (p. 130).

128 FOGO VERDE

MINHA SALADA DE REPOLHO PREFERIDA

As pessoas que conhecem o meu trabalho pensam primeiro em carne preparada sobre fogo vivo, mas a receita que eu faço com mais frequência é essa salada extremamente simples, acompanhada de uma tigela de arroz branco. Não tem nada a ver com fogo! Meu querido amigo Jorge Donovan foi uma espécie de figura paterna para mim. É provável que ele seja o pescador argentino mais famoso de todos os tempos. Embora eu tenha pescado algumas vezes, não sou fanático pela atividade. Em 1982, o meu primeiro restaurante e a loja de pesca dele dividiam um espaço no bairro de Palermo Viejo, em Buenos Aires. Naquele tempo, não abríamos para o almoço, mas durante esse horário eu estava sempre trabalhando, me preparando para o serviço do jantar. Com o passar do tempo, Jorge e eu nos tornamos grandes amigos, e almoçávamos juntos de segunda a sexta. Ele tinha uma personalidade irlandesa apaixonada; quando ria, o que acontecia com frequência, seus penetrantes olhos verde-azulados se iluminavam. Ao longo de sua vida, sempre esteve em grande forma — esbelto, talvez porque adorasse comer vegetais (e porque se exercitava um bocado explorando os rios selvagens da Patagônia). Acho que ele preferia os vegetais a um belo bife. Almoçamos juntos até quase o fim de seus dias, e ele nunca enjoava dessa salada. Um brinde a você, Jorge!

Rende 6 porções

1 colher (sopa) de vinagre de vinho tinto

1 colher (sopa) de shoyu

1 colher (sopa) de sumo de limão-siciliano, espremido na hora

¼ de xícara de azeite de oliva extravirgem

Sal grosso e pimenta-do-reino preta moída na hora

1 repolho-roxo (de cerca de 1 kg), cortado em quatro

Arroz basmáti quente para servir

Misture o vinagre, o shoyu e o sumo de limão em uma tigela pequena. Despeje o azeite em um fluxo lento e constante, mexendo sempre. Tempere a gosto com sal e pimenta.

Rale o repolho sobre uma tigela usando um ralador grosso. Adicione ao vinagrete e misture bem. Prove e ajuste os temperos. Sirva com o arroz.

REPOLHO INTEIRO ASSADO COM MOLHO DE TORANJA, NOZES E CAMPARI

A primeira vez que um convidado põe os olhos em um repolho inteiro assado e chamuscado, sua expressão fica um pouco confusa. Isso é parte da graça desta receita. A forma densa e despretensiosa do repolho tem uma certa beleza austera, que não promete muita coisa. À medida que você o corta e libera uma lufada de vapor e fumaça, o olhar intrigado dos convidados se transforma em um semblante de expectativa, como se dissessem: "Antes eu estava inseguro, mas agora estou intrigado". O que se segue à primeira mordida é, muitas vezes, um êxtase. Tudo isso graças a um humilde repolho!

Se você tem em vista um evento culinário que vai durar um dia inteiro (veja O DOMO, p. 149), pendure um repolho sobre um fogo muito baixo por muitas horas. Se você não tem tanto tempo assim, pode obter bons resultados em um *horno* ou até mesmo em uma churrasqueira com alguns carvões depositados nas duas extremidades do fundo e o repolho no meio (onde não recebe calor direto). Se você não tiver como fazer um fogo ao ar livre, poderá obter um bom resultado em um forno quente. Independentemente da fonte de calor, minha recomendação para obter o sabor mais completo e a apresentação mais impressionante é proporcionar bastante tempo de cocção ao repolho. Já o cozinhei por até dez horas. Embora nunca tenha ouvido ninguém comparar um repolho a um bom vinho da Borgonha, o que vale para ambos é que *o sabor se desenvolve com o tempo*.

Rende 6 porções

1 repolho verde ou roxo (de cerca de 1 kg)
¼ de xícara de azeite de oliva extravirgem

PARA O MOLHO
1 toranja
½ xícara (60 g) de nozes partidas
¼ de xícara de azeite de oliva extravirgem
2 colheres (sopa) de Campari
1 colher (chá) de alecrim fresco, picado

Aqueça o *horno*, ou um forno doméstico, a 180°C.

Apare quaisquer folhas externas danificadas do repolho e corte a base para que fique plana. Com uma faca afiada, faça um X fundo na base e coloque o repolho em uma panela bem grande com água suficiente para cobri-lo. Leve ao fogo alto e espere ferver e deixe cozinhar por cerca de 5 minutos. Escorra e seque bem o repolho.

Despeje o azeite em uma frigideira ou em uma caçarola grande de ferro fundido e role o repolho até ficar completamente coberto. Cubra bem a frigideira com papel-alumínio, ou tampe a caçarola, leve ao forno e asse por cerca de 30 minutos. Passado esse tempo, verifique se o repolho está cozido, avaliando o quão fundo você consegue perfurá-lo com um espeto comprido de metal ou um garfo de cozinha. Isso vai lhe dar uma ideia de quanto tempo mais de cozimento ele precisa. Caso ainda não esteja pronto, continue assando-o. Se o recipiente parecer seco, coloque mais um pouco de água. Regue o repolho com mais azeite e o leve de volta ao forno, descoberto,

por mais 40 a 60 minutos (dependendo do tamanho do repolho) ou até que ele possa ser facilmente perfurado de uma ponta à outra.

Enquanto isso, prepare o molho. Usando uma pinça comprida e um pegador de forno, segure a toranja sobre o fogo quente, girando-a de vez em quando, até que a casca fique chamuscada em algumas partes, por cerca de 5 minutos. Quando estiver fria o suficiente para ser manuseada, corte-a em oito gomos e extraia a polpa e o sumo em uma tigela pequena, descartando as sementes e as membranas. Escolha os dois pedaços de casca de toranja menos chamuscados e descarte os demais. Apoie a casca virada para baixo sobre uma tábua; com uma faca pequena e afiada, raspe toda a parte branca e amarga. Pique finamente a casca restante e reserve.

Toste as nozes em uma panela pequena por cerca de 5 minutos, até ficarem crocantes e perfumadas. Adicione o azeite, o Campari, o alecrim, a polpa e o sumo de toranja e metade da casca de toranja em uma tigela e misture com um batedor. Prove e acrescente mais casca de toranja se achar necessário.

Para servir, coloque o repolho em uma tábua de madeira, como se fosse uma carne assada. Corte-o ao meio no sentido do comprimento, apoie cada metade com o lado reto para baixo e corte em fatias, deixando parte do miolo preso a cada fatia para mantê-las unidas. Espalhe um pouco de molho por cima e sirva o restante ao lado.

PARA COZINHAR COM O MÉTODO DO DOMO: asse o repolho inteiro pendurado no domo por 7 a 10 horas.

BIFE DE REPOLHO EM QUATRO VERSÕES

Quando comecei minha trajetória para virar chef, a nouvelle cuisine estava na moda nos melhores restaurantes do mundo. A ideia era deixar os ingredientes brilharem, em vez de sufocá-los em molhos. Os restaurantes tentavam superar uns aos outros com nomes inteligentes para suas criações novas e simples. Nomes de diferentes partes de um cardápio tradicional eram misturados, e o resultado eram coisas como ravióli de manga ou *parfait* de espadarte; tudo soava meio estúpido. No entanto, as receitas a seguir são de fato bifes — um repolho inteiro assado, cortado em fatias grossas que são douradas na grelha, a exemplo do que poderia ser feito com um bife de contrafilé. E da mesma forma que poderíamos guarnecê-lo com chimichurri ou um sem-número de molhos, ervas e *toppings*, ainda não esgotei os complementos que posso criar para um bife de repolho. Experimente os descritos aqui, depois siga seus próprios instintos; combine algo doce com algo salgado. Talvez um toque de acidez, um pouco de amargor, uma pitada de algo picante. Esses gostos fundamentais são o seu arsenal — use-os como a sua inspiração mandar.

Rende de 4 a 6 porções

1 repolho verde ou roxo inteiro assado (p. 131)

6 colheres (sopa) de azeite de oliva extravirgem, mais um pouco, se necessário

Sal grosso e pimenta-do-reino preta moída na hora

CHIMICHURRI (p. 293), de preferência feito com 1 ou 2 dias de antecedência

Prepare um fogo médio-alto e aqueça a *plancha*. (Ou use uma chapa grande de ferro fundido, se estiver cozinhando dentro de casa.)

Unte uma assadeira com azeite.

Coloque o repolho assado em uma tábua, apoiado sobre a base. Corte-o ao meio no sentido do comprimento, atravessando o miolo. Deite uma das metades sobre o lado cortado. Partindo de uma das extremidades, corte fatias de cerca de 2,5 cm de espessura. O miolo é o que mantém os bifes unidos, então tente deixá-lo o mais intacto possível ao longo do processo. Caso as folhas se separem a qualquer momento, não se preocupe — você sempre pode reagrupá-las. Coloque as fatias na assadeira untada, pincele a parte de cima dos bifes com azeite e tempere a gosto com sal e pimenta.

Pincele a *plancha* quente generosamente com azeite (se estiver cozinhando dentro de casa, aqueça a chapa em fogo médio-alto e, em seguida, pincele-a generosamente com azeite). Quando começar a chiar, adicione os bifes, deixando cerca de 2,5 cm de espaço entre cada um. Grelhe-os até ficarem dourados e formar uma crosta no fundo, por 2 a 3 minutos. Usando uma espátula larga e fina, vire-os para fritar do outro lado por cerca de 2 minutos. Para servir, distribua os bifes em pratos individuais ou coloque todos em uma travessa. Espalhe um pouco de chimichurri por cima e sirva o restante ao lado.

VARIAÇÕES

BIFE DE REPOLHO COM CROSTA DE MOSTARDA E ERVA-DOCE

FOTO ACIMA, À ESQ.

A mostarda dá um toque picante que vai sempre bem com os repolhos, e a erva-doce estimula sua doçura intrínseca.

½ xícara (65 g) de mostarda de Dijon

2 colheres (sopa) de sementes de erva-doce, esmagadas

Sal grosso e pimenta-do-reino preta moída na hora

6 colheres (sopa) de azeite de oliva extravirgem ou mais um pouco, se necessário

Pincele os bifes de repolho com metade da mostarda, polvilhe com a erva-doce, tempere a gosto com sal e pimenta e regue com azeite. Espalhe a mostarda restante em uma travessa, em pinceladas largas, e reserve.

Unte generosamente a *plancha* ou a chapa quente com azeite. Quando o azeite começar a chiar, adicione os bifes com o lado da mostarda voltado para baixo. Grelhe-os até ficarem dourados, por cerca de 2 minutos. Com uma espátula larga e fina, vire-os e grelhe do outro lado por cerca de 2 minutos. Coloque os bifes na travessa preparada e sirva imediatamente.

continua

BIFE DE REPOLHO COM CONFIT DE LARANJA, ALHO E COGUMELOS

FOTO NA PÁGINA 135, ACIMA, À DIR.

Os cogumelos acentuam o sabor do repolho, o alho dá um toque terroso, e a casca de laranja empresta algumas notas florais doces e amargas.

½ receita de CONFIT DE LARANJA (p. 296), com o azeite

1 cogumelo portobello grande, em fatias bem finas

2 dentes de alho grandes, em fatias bem finas

2 colheres (sopa) de azeite de oliva extravirgem ou mais um pouco, se necessário

Sal grosso e pimenta-do-reino preta moída na hora

Rasgue a laranja confitada em pedaços menores, reservando o azeite. Arrume as fatias de cogumelo em uma travessa sem sobrepô-las.

Coloque o alho e 1 colher (sopa) de azeite em uma tigela pequena e misture com os dedos para recobrir todo o alho. Pincele a colher (sopa) restante de azeite na *plancha* ou na chapa quente e doure levemente o alho dos dois lados, virando as fatias com uma espátula de metal fina, e as transfira para um prato quando estiverem prontas. Tome cuidado para não queimar; leva menos de 1 minuto, ao todo.

Tempere os bifes de repolho a gosto com sal e pimenta, passe mais azeite neles e doure dos dois lados na *plancha* ou na chapa quente, por cerca de 2 minutos cada lado. Quando os bifes estiverem prontos, coloque-os sobre os cogumelos e regue com azeite do confit de laranja. Espalhe os pedaços do confit e o alho dourado por cima e sirva.

BIFE DE REPOLHO COM AMÊNDOAS, SALSINHA, MEL E SHOYU

Adoro a textura e o sabor peculiar das amêndoas, o frescor da salsinha, a doçura do mel — que realça a doçura sutil do repolho — e a forma como o shoyu acrescenta sal e pungência.

1 limão-siciliano

½ xícara (50 g) de amêndoa, tostada e picada

¼ de xícara de azeite de oliva extravirgem

½ xícara (25 g) de folhas picadas de salsinha fresca

2 colheres (chá) de mel, ou a gosto

2 colheres (chá) de shoyu, ou a gosto

Sal grosso e pimenta-do-reino preta moída na hora

Rale a casca do limão em uma tigela pequena e reserve. Esprema o sumo, coando as sementes, e reserve à parte.

Coloque as amêndoas em outra tigela pequena. Acrescente o sumo de limão-siciliano, o azeite, a salsinha, o mel e o shoyu e misture para obter um molho grosso.

Tempere os bifes de repolho a gosto com sal e pimenta e doure os dois lados na *plancha* quente ou na chapa, conforme descrito (p. 134). Arrume o repolho em uma travessa e espalhe o molho por cima. Finalize com a casca de limão ralada e sirva.

SALADA DE COUVE-DE-BRUXELAS EM LASCAS COM TOMATE-CEREJA E ALHO

Quando minha esposa, Vanina, era chef do 1884, meu primeiro restaurante em Mendoza (principal região vinícola da Argentina), ela servia esta receita. Em vez de desfolhar as couves-de-bruxelas ou servi-las inteiras, ela as cortava em fatias finas. Dessa forma, você mantém a textura crocante do miolo e a textura mais suave das folhas externas, tudo em uma mesma garfada. Não precisa de fogo, apenas de um molho simples.

Rende de 4 a 6 porções

450 g de couve-de-bruxelas

300 g de tomates-cereja cortados ao meio

1 ou 2 dentes de alho, em fatias bem finas ou ralados

¼ de xícara de azeite de oliva extravirgem ou mais um pouco, se necessário

1 colher (sopa) de shoyu, ou a gosto

1 colher (sopa) de vinagre de vinho tinto, ou a gosto

Uma pitada de pimenta-calabresa, ou a gosto

Flor de sal (opcional)

Corte as couves-de-bruxelas bem fino usando uma mandolina (ou o mais fino possível com uma faca) e coloque-as em uma saladeira. Adicione os tomates e o alho e misture.

Acrescente o azeite, o shoyu, o vinagre e a pimenta e misture novamente, usando as mãos para garantir que a salada esteja bem recoberta. Se parecer seca, acrescente mais azeite e vinagre. Prove e ajuste o tempero com uma pitada de flor de sal, se desejar.

FOLHAS DE COUVE-DE-BRUXELAS
A LA PLANCHA COM LIMÃO E PIMENTA

Na Argentina, o nome que damos à couve-de-bruxelas é *repollito*, "repolhinho". Cozidas e servidas inteiras, o sabor delas lembra, é claro, o repolho. No entanto, quando chega ao fim a época da alface frisada e da rúcula selvagem, as folhas tenras das couves-de-bruxelas servem como uma verdura leve. Quando passadas rapidamente na *plancha*, algumas partes queimam, outras douram um pouco, e há as que ficam crocantes e de um verde vibrante. As folhas não precisam de nada além do mais simples vinagrete de limão, avivado pelos flocos de pimenta-calabresa.

Rende 4 porções

600 g de couve-de-bruxelas

6 colheres (sopa) de azeite de oliva extravirgem, mais um pouco para finalizar

Sumo de 2 limões-sicilianos

Uma pitada de pimenta-calabresa

Flor de sal

Prepare um fogo médio e aqueça a *plancha*. Se estiver cozinhando dentro de casa, aqueça uma chapa grande de ferro fundido em fogo médio.

Com uma faca de legumes afiada, apare as bases das couves-de-bruxelas, solte as folhas e coloque-as em uma tigela. À medida que as folhas forem ficando mais compactas, vá aparando a base, para desprendê-las. Quando chegar ao miolo, descarte-o.

Pincele a *plancha* ou a chapa quente com o azeite. Quando o óleo começar a chiar, adicione as folhas de couve-de-bruxelas (mais de uma leva, se necessário). Cozinhe até que elas estejam mais macias e levemente chamuscadas, por cerca de 3 minutos. Quando estiverem prontas, transfira-as para uma travessa grande e tempere com o sumo de limão, a pimenta-calabresa, um bom fio de azeite e flor de sal a gosto.

FOLHAS DE COUVE-DE-BRUXELAS CHAMUSCADAS COM NOZES

Existe um ditado de cozinha que é um ótimo guia para a culinária sazonal: "Se cresce junto, vai bem junto". Eu concordo plenamente; quando os frutos dos pomares, dos campos e das hortas amadurecem ao mesmo tempo, combiná-los é a coisa mais natural a se fazer. No final do outono, as couves-de-bruxelas e as nozes estão no auge, esperando para serem reunidas nesta salada.

Rende 4 porções

450 g de couve-de-bruxelas
Azeite de oliva extravirgem
2 limões-sicilianos, 1 espremido, 1 cortado em gomos, para servir
⅔ de xícara (150 g) de nozes
Sal grosso e pimenta-do-reino preta moída na hora

Prepare um fogo médio e aqueça a *plancha*. Se estiver cozinhando dentro de casa, aqueça uma ou mais chapas de ferro fundido em fogo médio.

Com uma faca de legumes afiada, apare as bases das couves-de-bruxelas, solte as folhas e coloque-as em uma tigela. À medida que as folhas forem ficando mais compactas, vá aparando a base, para desprendê-las. Quando chegar ao miolo, descarte-o.

Pincele a *plancha* ou a chapa quente com o azeite. Quando começar a chiar, adicione as folhas de couve-de-bruxelas (mais de uma leva, se necessário). Cozinhe até que as folhas estejam mais macias e levemente chamuscadas, por cerca de 3 minutos. Quando estiverem prontas, transfira-as para uma travessa grande e tempere com o sumo de limão.

Passe uma folha de papel-toalha untada com azeite sobre a superfície da *plancha* ou da chapa e espalhe as nozes sobre ela. Deixe as nozes tostarem por cerca de 1 minuto, tomando cuidado para não queimar. Transfira para uma tábua e pique-as grosseiramente, depois coloque-as na mesma tigela da couve-de-bruxelas. Misture, tempere com sal e pimenta a gosto e regue com azeite. Sirva com o limão cortado em gomos ao lado.

COUVE-FLOR ASSADA INTEIRA COM GERGELIM, LIMÃO CHAMUSCADO E VERMUTE

Alguns anos atrás, o chef israelense Eyal Shani cozinhou uma couve-flor inteira no leite, e depois assou-a no forno até ficar dourada como um pão. Como acontece com muitas grandes ideias na culinária, uma vez que a receita foi lançada ao mundo, os chefs começaram a testar suas próprias variações. Assim como no meu REPOLHO INTEIRO ASSADO (p. 131), é importante obter uma apresentação de impacto aqui. Da mesma forma que uma *Magnum* de vinho ou um peru inteiro são declarações de generosidade, levar uma couve-flor inteira à mesa, depois temperá-la e servi-la diante de seus convidados, para que eles assistam e criem expectativa, traz alegria a uma refeição em grupo. Na minha opinião, o arroz e a couve-flor neste prato são uma presença calma que contrasta com o brilho e os sabores acentuados do vermute, do limão, das especiarias e das ervas. Sirva com ARROZ CROCANTE (p. 123).

Rende 2 porções como prato principal, 4 porções como acompanhamento

Sal grosso

1 couve-flor grande (de cerca de 1 kg)

3 colheres (sopa) de azeite de oliva extravirgem, mais um pouco, se necessário

3 ramos de orégano, rasgados

Pimenta-do-reino preta moída na hora

ARROZ CROCANTE (p. 123), para servir

PARA O MOLHO

1 limão-siciliano

1 colher (sopa) de sementes tostadas de gergelim branco

1 colher (sopa) de sementes de gergelim preto

2 colheres (sopa) de vermute Carpano Antica Formula, ou outro vermute tinto doce

6 colheres (sopa) de azeite de oliva extravirgem ou mais um pouco, se necessário

1 colher (sopa) de folhas de orégano fresco picadas finamente

2 colheres (sopa) de folhas de salsinha fresca picadas finamente

Sal grosso

Aqueça o *horno*, ou um forno doméstico, a 200°C.

Leve uma panela grande de água com sal para ferver em fogo alto. Coloque a couve-flor de lado em uma superfície, corte as folhas danificadas e apare a base. Vire-a com a base para cima e faça um X profundo no miolo usando uma faca afiada. Mergulhe a couve-flor na água fervente, tampe a panela e espere retomar a fervura. Quando ferver, tampe parcialmente a panela e cozinhe a couve-flor por 4 minutos. Escorra bem em uma peneira e seque-a completamente.

Despeje 1½ colher (sopa) de azeite em uma frigideira de ferro fundido de 23 cm ou 25 cm e role a couve-flor nela para recobrir bem todos os lados. Insira raminhos de orégano por entre os floretes, tempere com sal e pimenta e leve a frigideira ao forno. Depois de 20 minutos, regue a couve-flor com mais azeite e gire a frigideira. Leve-a de volta ao forno e asse até que esteja dourada e macia, por cerca de 30 minutos mais, ou até que ela possa ser facilmente perfurada com um espeto de metal. Regue com mais azeite e gire a frigideira conforme necessário durante o processo. Se for preciso,

aumente a temperatura do forno nos momentos finais, para ajudar a dourar.

Enquanto a couve-flor está assando, prepare o molho. Espete o limão em um garfo de cozinha comprido e asse-o de todos os lados em um fogo médio (ou sobre o queimador do fogão) até ficar macio, por cerca de 8 minutos. Corte-o em quatro e, com uma colher de chá, raspe a polpa e o sumo para uma tigela pequena, descartando as sementes e as membranas. Coloque a casca do limão sobre uma superfície, raspe toda a parte branca amarga e a descarte, deixando apenas a parte amarela da casca. Pique-a e reserve em uma tigela à parte. Esmague a maior parte das sementes de gergelim, deixando cerca de uma colher (chá) de cada cor inteira.

Coloque o vermute em uma tigela pequena. Adicione 1 colher (chá) da casca picada do limão, o orégano, a salsinha, as sementes de gergelim esmagadas, o sumo e a polpa do limão. Misture o azeite restante e tempere com sal a gosto. Se desejar, acrescente mais casca de limão ou azeite.

Para servir, coloque a couve-flor inteira sobre uma cama de arroz crocante. Espalhe um pouco do molho por cima e sirva o restante ao lado, em uma tigela pequena. Corte a couve-flor em fatias à mesa.

REPOLHO (E SEUS PRIMOS)   145

BRÓCOLIS *A LA PLANCHA* COM TOMATE SECO

Quando preparado na *plancha*, o brócolis mantém um frescor que o distingue bastante da forma como era cozido no refeitório da minha escola (talvez da sua também). Certos pedaços amolecem, enquanto outros mantêm um pouco de firmeza e textura. Algumas partes chamuscadas aqui e ali proporcionam notas marcantes. Experimente a minha versão simples de tomates secos antes de comprá-los já prontos.

Rende 4 porções

1 pé de brócolis grande

Sal grosso

¼ de xícara de azeite de oliva extravirgem, mais um pouco para finalizar e para untar a *plancha*

¼ de xícara de folhas de salsinha fresca, picadas finamente

Sumo de 1 limão-siciliano

Pimenta-do-reino preta moída grossa

12 TOMATES SECOS (p. 295)

Flor de sal

Prepare um fogo alto e aqueça a *plancha*. (Ou use uma chapa grande de ferro fundido, se estiver cozinhando dentro de casa.)

Corte o brócolis, incluindo o talo, em pedaços grandes no sentido do comprimento. Apare ou raspe qualquer parte mais dura do talo. Leve uma panela grande com água e um pouco de sal para ferver e escalde os pedaços por 1 minuto. Eles devem ficar com um tom verde vívido. Escorra imediatamente em uma peneira debaixo de água fria corrente para interromper o cozimento e seque-os com um pano de prato limpo. Coloque em uma assadeira e regue com azeite.

Misture a salsinha, o sumo de limão, ¼ de xícara de azeite e pimenta a gosto em uma tigela pequena. Reserve.

Pincele a *plancha* quente com azeite (se estiver cozinhando dentro de casa, aqueça a chapa em fogo alto e depois pincele com azeite). Quando começar a chiar, espalhe os pedaços de brócolis formando uma única camada, sem sobreposição. Cozinhe por bastante tempo, até que o brócolis esteja chamuscado e crocante, mas os caules ainda mantenham alguma firmeza. Vire e faça o mesmo do outro lado.

Para servir, arrume o tomate seco em uma travessa grande e espalhe o brócolis por cima. Salpique a mistura de salsinha e finalize com a flor de sal.

O domo

Um esqueleto de ferro sobre um anel de fogo. Algumas noites, fatigado e defumado depois de passar dezesseis horas cozinhando, deito na cama e penso: *Depois de uma amizade de cinquenta anos com o fogo, foi aqui que chegamos.* Em momentos assim, estou cansado, mas jamais exausto. Um silêncio vai se abatendo sobre mim como uma carícia — gentil, mas ao mesmo tempo intenso. Vejo meu domo recortado contra o céu, de onde os alimentos pendem como enfeites em uma árvore de Natal.

E assim como o Natal é uma ocasião especial, usar o domo é, para mim, uma celebração — de um casamento, de um nascimento, de uma reunião de amigos. Usar o domo é muito mais que preparar uma refeição. É um processo que começa cedo, geralmente às oito da manhã, depois do café acompanhado de pão artesanal e de manteiga preparada pelo meu vizinho (cuja vaca sempre me olha como se estivesse implorando por alguma coisa, talvez apenas um carinho nas costas). Então, eu monto minha fogueira. Contornando o círculo de ferro, as chamas crescentes escalam as toras de madeira até lamber os galhos e ramos menores, enquanto a fumaça sobe. Não há tempo para devaneios, no entanto. É hora de pendurar as primeiras frutas e os primeiros legumes: repolhos, abacaxis, feixes de beterraba, cenouras. Às vezes todos eles, às vezes o que estiver à mão.

Passadas duas horas, é o momento de enfeitar o domo com o brócolis, a couve-flor, os cachos de uva ou as pencas de banana, funcho. Se tiver todos eles, abrace sua sorte e use tudo.

A essa altura, deve haver já algumas brasas e cinzas para fazer um *rescoldo*: se você tiver batatas (tradicionais, doces ou ambas) ou cebolas, enterre-as e cozinhe de acordo com as receitas de *rescoldo* deste livro.

Passadas quatro horas, pendure os vegetais folhosos, como acelgas e couves.

Depois de mais uma hora, retire as frutas e os vegetais na ordem inversa em que entraram (os últimos serão os primeiros!).

Para contemplar esse dossel de ferro negro carregado da colheita da horta e dos frutos de um pomar próximo, muitas vezes me sento em uma cadeira, sob a sombra de uma árvore frondosa e, quase como um estranho, meus olhos se deleitam diante do processo de transposição do calor e da fumaça pela polpa desses troféus. Nossos ancestrais, que remontam ao despertar dos tempos, nos legaram esse fascínio pela chama. Em momentos como esse — no limiar da vida e da esperança —, eu me sinto feliz, ansiando pelos sabores e pelos cheiros, pela suculência e pela crocância. Sem tempo para pensar em problemas. Minhas preocupações desaparecem e meu pensamento se materializa na linguagem do fogo. É poesia composta de chamas e vento, os ruídos lentos

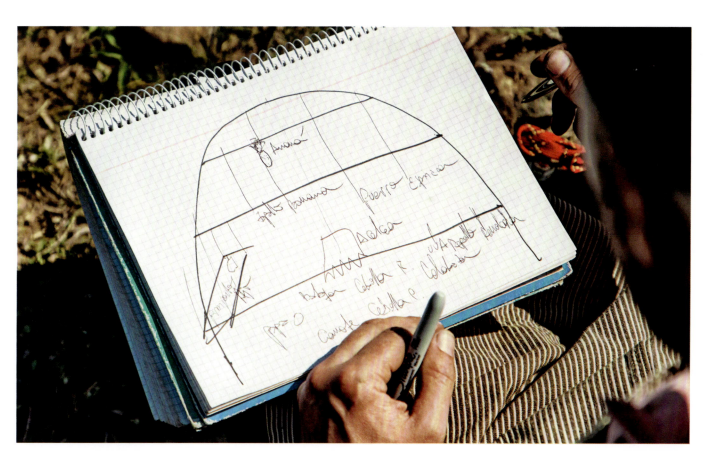

do crepitar e do gotejar, o chacoalhar das brasas temperadas sobre as brasas incandescentes; a transformação das cores vibrantes da colheita nos opacos pretos, marrons e dourados dos alimentos batizados pelo fogo: sensuais, carnais, deliciosos.

Em uma época em que a tecnologia nos afasta cada vez mais do mundo dos vivos, a tarefa ancestral de cuidar de uma fogueira está enraizada em nossos sentidos: nossa intuição, nossas mãos, nossas bocas, nossos estômagos. Os cientistas que se debruçaram sobre estes temas nos dizem que, antes de ficarmos totalmente eretos, antes de inventarmos lanças e flechas, foi o fogo que nos permitiu dar os primeiros passos que nos tornaram verdadeiramente humanos. Uma reflexão profunda. Mas olhar para o fogo tem esse efeito.

Tendo cozinhado com fogo de todas as formas imagináveis, acho que é o domo que sintetiza melhor as coisas para mim. Essa história começou dez anos atrás, com um pernil de cordeiro pendurado no galho de uma árvore sobre as brasas de uma fogueira. Rapidamente descobri que quase toda fruta ou vegetal pode ser pendurado sobre as chamas para, da mesma forma, se transmutar em um prato impressionante, que satisfaz, defumado e cozido com delicadeza. Um repolho inteiro, depois de passar horas no domo, anseia por ser fatiado, grelhado na *plancha* e finalizado com algum molho (p. 131). Um abacaxi se derrete, tão macio quanto um pêssego, pronto para receber um manto de sorvete e frutas (p. 272).

Cozinhar com o domo me levou à Plaza Mayor de Madri, a um parque em Williamsburg, no Brooklyn, aos penhascos de Big Sur, a uma colina em Hong Kong com vista para a baía de Repulse, e aos picos nevados das montanhas Rochosas. Não importa o quão longe eu vá com o meu domo, há sempre um lugar em meu coração onde o ferro, a fumaça, o vento e o silêncio do pôr do sol me levam de volta aos meus amados Andes.

Rumo ao meu próprio lar.

CENOURA

CENOURA JOVEM *A LA PLANCHA* COM MOLHO DE HORTELÃ
E BROTO DE ALHO CHAMUSCADOS   161

CENOURA CHAMUSCADA COM QUINOA PRETA E HORTELÃ   163

CENOURA *À CHIRINGUITO*   165

CENOURA ASSADA COM ALHO E ALECRIM   166

CENOURA COM CREME E TOMILHO   169

VEGETAIS DE NATAL   172

TÍMIDAS E BELAS

A cenoura é como uma atriz estupenda que você costuma ver em muitos filmes, mas apenas em papéis coadjuvantes: familiar, mas raramente tão celebrada quanto os protagonistas. Elas são um dos chamados aromáticos que formam a base das culinárias francesa, italiana e espanhola. Não importa se você chama a combinação de *mirepoix*, *battuto* ou *soffrito*, muitas receitas clássicas pedem que se refogue cebolas, aipo e cenoura como primeira etapa. Mas, assim como a pobre Cinderela, cuja verdadeira beleza está escondida por debaixo da roupa esfarrapada, as cenouras raramente estão em destaque nas receitas mais requintadas. Para mim, a beleza das cenouras se revelou quando descobri pela primeira vez a versatilidade das batatas assadas em fogo vivo. Da mesma forma, as cenouras se apresentam em inúmeros tamanhos e cores.

E, da mesma maneira também, harmonizam com quase qualquer combinação de ervas. Ficam lindamente chamuscadas quando finalizadas em fogo alto. Talvez a maior virtude dessa raiz seja o modo como a cocção libera a doçura que existe dentro de cada uma — que passa despercebida até que o fogo a transforme. Uma cenoura assada finalizada na *plancha* é como a Cinderela quando finalmente faz sua estreia deslumbrante no grande baile — uma verdadeira beleza.

FOTO: BODEGA GARZÓN

CENOURA JOVEM *A LA PLANCHA* COM MOLHO DE HORTELÃ E BROTO DE ALHO CHAMUSCADOS

Cenouras jovens cozinham de forma relativamente rápida na *plancha* — ficam doces, mas sem deixar de ser crocantes. Na mesma época do ano em que se colhe essas cenouras precoces, o broto de alho e o nirá também fazem sua aparição. Quando as cenouras são misturadas a um molho de ervas chamuscadas, o resultado é revigorante, tem frescor e textura. A hortelã, embora não seja doce, tem o dom de estimular a doçura de outros ingredientes que visitam nossas papilas. Se não encontrar o broto de alho ou se não estiver na época dele, use cebolinha.

Notas
- *Se as suas cenouras jovens vierem com as ramas, grelhe-as também.*
- *Cenouras jovens são finas e compridas. As chamadas cenouras baby — que se tornaram populares ao serem servidas com homus ou outras pastas — não têm nada de bebê. Elas são feitas a partir de cenouras maduras cortadas em pedaços e torneadas em uma máquina. Eu não as uso.*

Rende de 4 a 6 porções

1 a 1,5 kg de cenouras jovens, de diferentes cores, se você conseguir encontrar

Cerca de ⅔ de xícara (160 ml) de azeite de oliva extravirgem, mais um pouco, se necessário

Sal grosso e pimenta-do-reino preta moída na hora

Um punhado de ramos de hortelã, amarrados com um barbante

Um punhado de broto de alho, nirá ou cebolinha

Sumo de 1 limão-siciliano grande

1 maço de salsinha picada

Vinagre de vinho tinto de alta qualidade

Uma pitada pequena de pimenta-calabresa

Prepare um fogo médio e aqueça a *plancha*. (Ou use uma chapa grande de ferro fundido, se estiver cozinhando dentro de casa.)

Apare o topo das cenouras, limpe-as bem e as corte ao meio no sentido do comprimento. Pincele com 2 colheres (sopa) de azeite e tempere a gosto com sal e pimenta-do-reino. Reserve em uma assadeira, junto com o maço de hortelã.

Se o broto de alho estiver muito grosso, corte-o ao meio no sentido do comprimento. Se estiver usando nirá, corte-os em tiras de 15 cm, seque-os e amarre-os ligeiramente com barbante. Qualquer que tenha sido a sua escolha, coloque na assadeira com a cenoura e a hortelã e regue tudo com azeite.

Pincele a *plancha* quente com azeite (se estiver cozinhando dentro de casa, aqueça a chapa em fogo médio e depois pincele com azeite). Quando o azeite começar a chiar, coloque a hortelã e o broto de alho e deixe por cerca de 2 minutos, até ficarem parcialmente chamuscados na parte de baixo. Regue a parte de cima das ervas com mais azeite e vire-as com uma pinça; aguarde por mais 1 minuto ou 2, para dourar levemente o outro lado. O broto de alho ou o nirá deve ficar ligeiramente amolecido. Quando estiver pronto, transfira para uma tábua grande e então corte e retire o barbante. Apare e descarte quaisquer caules mais duros e pique o broto de alho junto com a hortelã. Coloque-os em uma tigela e regue com o sumo de limão. Junte a salsinha e regue generosamente com azeite e algumas gotas de vinagre a gosto. Tempere com sal, pimenta-do-reino e pimenta-calabresa.

Limpe a *plancha* ou a chapa e pincele-a novamente com azeite. Espalhe as cenouras sobre a superfície quente e deixe por vários minutos, virando, até ficarem macias. Para servir, coloque-as em uma travessa e despeje o molho por cima.

CENOURA CHAMUSCADA COM QUINOA PRETA E HORTELÃ

Li que os povos indígenas da América do Sul cultivam quinoa há pelo menos 5 mil anos, mas, por alguma razão, este grão escapou da atenção da maioria dos chefs e cozinheiros amadores até as duas últimas décadas, quando começou a ser propagandeada como um superalimento ancestral. Eu não sei muito bem o que constitui um superalimento e, quando provei a quinoa pela primeira vez, achei sem graça. Minha esposa Vanina, no entanto, começou a cozinhar com ela no 1884, o restaurante que tive em Mendoza, e mais tarde em seu próprio restaurante, o Maria Antonieta. Foi com ela que aprendi a apreciar a quinoa preta, em particular, porque ela continua crocante depois de cozida. O coro de texturas que resulta do seu encontro com a cenoura e o abacate atinge todas as notas certas de contrastes.

Rende 4 porções

Sal grosso

1 xícara (170 g) de quinoa preta, lavada e escorrida

2 colheres (sopa) de azeite de oliva extravirgem, mais um pouco para finalizar

6 cenouras médias

Cerca de 3 xícaras (720 ml) de caldo de legumes ou água

Alguns ramos de tomilho

4 dentes de alho, sem casca

1 colher (sopa) de vinagre de vinho tinto

Pimenta-do-reino preta moída na hora

1 avocado grande

Sumo de 2 limões-sicilianos

Um punhado pequeno de folhas de hortelã fresca

Prepare um fogo médio-alto e aqueça a *plancha*. (Ou use uma chapa grande de ferro fundido, se estiver cozinhando dentro de casa.)

Enquanto isso, leve uma panela grande de água com sal para ferver em fogo médio-alto. Acrescente a quinoa e cozinhe até que o gérmen branco fique visível e a quinoa esteja macia, mas não mole, de 10 a 15 minutos. Escorra em uma peneira fina, transfira para uma tigela, acrescente um bom fio de azeite e misture. Disponha em uma travessa grande e reserve.

Apare a rama das cenouras, deixando apenas 2,5 cm, descasque-as ou limpe-as bem e corte-as ao meio em diagonal. Coloque os pedaços em uma frigideira grande e acrescente caldo para quase cobri-los. Adicione o tomilho, o alho, as 2 colheres (sopa) de azeite e o vinagre e tempere a gosto com sal e pimenta. Cozinhe com a tampa parcialmente fechada, em fogo médio, até que as cenouras estejam macias, mas ainda firmes, por 5 a 8 minutos. Escorra qualquer excesso de líquido.

Pincele a *plancha* quente com azeite (se estiver cozinhando dentro de casa, aqueça a chapa em fogo médio-alto e depois pincele com azeite). Quando o azeite começar a chiar, coloque as cenouras. Cozinhe até ficarem bem douradas na parte de baixo, por cerca de 3 minutos, depois regue com mais um pouco de azeite e vire-as para dourar do outro lado.

Arrume as cenouras sobre a quinoa. Corte o avocado ao meio e retire o caroço, depois extraia a polpa usando uma colher e disponha-a ao redor das cenouras. Tempere com sumo de limão e azeite de oliva e finalize com as folhas de hortelã.

CENOURA À CHIRINGUITO

Eu incluo esta receita na categoria "comida de praia": é simples, rápida e casual. Servimos essas cenouras no meu restaurante Chiringuito, situado à beira-mar na aldeia de José Ignacio, no Uruguai. *Chiringuito* é uma palavra usada carinhosamente para descrever uma barraca de praia ao ar livre que serve comida ("restaurante" é uma palavra quase chique demais para esses estabelecimentos). Esta receita é um bom exemplo de como usar uma *plancha* grande para cozinhar diferentes ingredientes separadamente.

O *labneh* ou o iogurte são servidos com cenouras cozidas por todo o Oriente Médio. Minha opinião sobre combinações tradicionais de ingredientes é que, se as pessoas estão fazendo isso há séculos, é porque são boas.

Rende 4 porções

1 maço de cenouras (reserve as ramas mais tenras à parte)

Azeite de oliva extravirgem

1 colher (sopa) de folhas de tomilho fresco

6 pimentões doces pequenos ou pimentas *shishito* (ver nota na p. 28)

¼ de xícara de pistache sem casca, tostado

½ xícara (120 ml) de iogurte natural ou *labneh*, gelado

Aqueça a *plancha* (ou uma chapa de ferro fundido grande, se estiver cozinhando dentro de casa) em fogo médio.

Corte as cenouras em fatias finas no sentido do comprimento. Pincele a *plancha* ou a chapa quente com azeite. Quando o óleo começar a chiar, acrescente as cenouras e um punhado das ramas, espaçando-as bem sobre a superfície quente. Deixe-as até ficarem chamuscadas, de 3 a 5 minutos, depois vire e cozinhe do outro lado por 1 minuto ou 2, para amolecê-las um pouco. Espalhe o tomilho por cima.

Enquanto isso, pincele uma parte separada da *plancha* (ou outra chapa) com azeite. Coloque os pimentões e doure-os ligeiramente por alguns minutos. Usando duas espátulas largas, misture as cenouras e os pimentões e os transfira para uma travessa. Espalhe os pistaches por cima e sirva com o iogurte gelado.

CENOURA ASSADA COM ALHO E ALECRIM

À medida que o inverno finca suas garras na terra, é comum encontrarmos cenouras bem grandes. Elas demoram bastante para cozinhar, mas a recompensa é doce. Quando estiverem bem macias, reduza o líquido que restou da cocção. É delicioso. Para finalizar, os chips de alho dão um toque terroso.

Rende 6 porções

6 cenouras grandes (cerca de 1,5 kg), bem lavadas (ou sem casca, se for preciso)

1 cabeça de alho, com os dentes separados

Um maço pequeno de alecrim

Cerca de 2½ xícaras (600 ml) de caldo de legumes morno, mais um pouco, ou água, se necessário

¼ de xícara de azeite de oliva extravirgem

1½ colher (sopa) de vinagre de vinho tinto

Sal grosso e pimenta-do-reino preta moída na hora

CHIPS DE ALHO CROCANTE (p. 296)

Aqueça o *horno*, ou um forno doméstico, a 200°C.

Escolha uma assadeira pesada de metal na qual as cenouras caibam confortavelmente em uma única camada junto com o caldo. Arrume-as na assadeira e coloque o alho e a maior parte dos ramos de alecrim entre e ao redor delas. Despeje caldo suficiente para chegar até metade da altura das cenouras; adicione o azeite, metade do vinagre, sal e pimenta a gosto; em seguida, role-as pelo líquido, para umedecê-las.

Asse as cenouras por 30 a 40 minutos, podendo chegar a 1 hora ou mais dependendo do tamanho das cenouras, até que estejam bem macias quando perfuradas com um garfo e douradas por cima. Lembre-se de conferir a assadeira de vez em quando e acrescentar mais líquido, se necessário.

Quando as cenouras estiverem prontas, leve a assadeira ao fogo médio-alto e reduza todo o líquido restante, até que esteja rico e sedoso. Transfira para uma travessa com os ramos de alecrim restantes e uma leve pitada do vinagre e finalize com os chips de alho. Sirva imediatamente.

CENOURA COM CREME E TOMILHO

Eu sou, até certo ponto, um chef formado na França que faz cozinha *gaucha*. Esta receita — bastante simples — apresenta ambos os lados. As cenouras são preparadas em uma frigideira numa *parrilla*, em uma redução de creme de leite com infusão de tomilho, uma forma tradicional francesa de acrescentar sabor e textura.

Rende 6 porções

Sal grosso

6 cenouras grandes, sem casca, cortadas em rodelas de 1,25 cm

1 colher (sopa) de azeite de oliva extravirgem ou mais um pouco, se necessário

1 xícara (240 ml) de creme de leite fresco

2 colheres (sopa) de folhas de tomilho fresco

Prepare um fogo alto e coloque uma grelha sobre ele. Leve uma panela grande de água com sal para ferver. Acrescente as cenouras e cozinhe por 3 minutos. Escorra bem.

Pincele levemente a superfície de uma frigideira grande de ferro fundido com azeite e coloque-a sobre a grelha (ou em fogo médio no fogão, se estiver cozinhando dentro de casa). Quando o azeite começar a chiar, adicione as cenouras, em mais de uma leva, se necessário. Deixe até que dourem na parte de baixo, por cerca de 2 minutos, depois vire e doure do outro lado. Se você estiver trabalhando em levas, coloque todas as cenouras de volta na frigideira e despeje metade do creme de leite. Cozinhe até que ele reduza pela metade, por 2 a 3 minutos. Acrescente o creme de leite restante e o tomilho e misture com as cenouras usando duas espátulas. Deixe cozinhar até que o creme engrosse e se misture com as cenouras. Sirva imediatamente.

Natal no hemisfério Sul

Para os sul-americanos, o Natal acontece alguns dias depois do solstício de verão, muito distante das paisagens nevadas, das histórias de Papai Noel e seu trenó e de *Uma canção de Natal*. Ainda assim, o emblemático Natal coberto de neve sempre teve um poder muito forte no imaginário popular. Por muitos anos, eu sempre preparava um rosbife ou um ganso devidamente paramentado para a nossa ceia festiva. No entanto, quando minhas filhas Ambar e Allegra se tornaram veganas, alguns anos atrás, a carne saiu do cardápio de Natal. Em vez disso, preparo uma mistura de raízes, cenouras cozidas lentamente, batatas, abóboras, funcho, alho — qualquer coisa que esteja à mão e que resista bem ao calor suave e persistente. Como qualquer um responsável pelo banquete de Natal — mesmo que você não esteja assando um grande pedaço de carne —, parte da jornada exige que o cozinheiro abra o forno de tempos em tempos para conferir o que quer que esteja assando. "Já está pronto?" é uma pergunta eterna nas comemorações de Natal. Esses vegetais são perfeitos para desempenhar esse papel. Asse-os por bastante tempo, para que algumas partes fiquem macias e outras crocantes. Vire-os de vez em quando para que dourem por fora e se desmanchem por dentro.

VEGETAIS DE NATAL

Nota: A seleção de vegetais deve seguir o que você e sua família mais gostam de comer, inteiros ou cortados em pedaços grandes, para que fiquem todos prontos ao mesmo tempo.

Rende de 8 a 12 porções

4 cenouras médias, lavadas

3 bulbos de funcho cortados ao meio no sentido do comprimento e depois em pedaços

4 batatas-doces cortadas ao meio em quatro no sentido do comprimento

4 cebola-roxas cortadas em quatro

Abóbora (qualquer variedade), sem casca e cortada em cunhas

2 beringelas italianas pequenas

8 cabeças de alho, cortadas ao meio na transversal

1 maço de tomilho

1 maço de alecrim

Sal grosso e pimenta-do-reino preta moída na hora

Cerca de ½ xícara (120 ml) de azeite de oliva extravirgem, mais um pouco, conforme necessário

Aqueça o *horno*, ou um forno doméstico, a 170°C.

Misture os vegetais, o alho e as ervas em uma assadeira grande. Tempere a gosto com sal e pimenta. Adicione o azeite e misture. Leve ao forno e asse por cerca de 2 horas, virando de vez em quando e acrescentando mais azeite, se necessário, até que os vegetais e o alho estejam dourados, macios e muito perfumados.

UMA ODE ÀS TOALHAS

Quando você prepara uma refeição para outras pessoas, deve sempre pensar nela como um gesto: um abraço. Você as está convidando para o seu universo, para experimentar seu senso de beleza. Sempre recorri aos tecidos para me ajudar a fazer isso, pela cor que trazem, pela arte que exibem, pelas texturas tão agradáveis ao tato quanto a comida ao paladar. Aonde quer que eu vá, estou sempre de olho em toalhas para estender no chão, para colocar sobre a mesa, para abrir no alto de uma árvore e filtrar o sol do verão.

Muitas das minhas toalhas eram destinadas a outros usos, passadas de mão em mão por outras pessoas, em outros tempos. Tenho lençóis da Alsácia — de trezentos anos de idade, vermelhos e brancos, listrados e axadrezados. Não sei quem dormiu sobre eles, amou sobre eles, morreu sobre eles, mas quando os vejo e os toco, consigo sentir as gerações que passaram por ali. Tenho ponchos de alpaca feitos por tecelões andinos com os mesmos padrões das pinturas rupestres de povos indígenas de muito antes de os incas fazerem seus terraços nas encostas das montanhas. Tenho finos *batiks* de Bali, que pulsam com as formas e sombras de um céu de primavera enquanto aglomerados de nuvens correm por eles. Meus bordados ingleses foram feitos para preencher as longas horas de inverno em alguma propriedade rural. Os tecidos ásperos de cânhamo — azul e branco — eram usados pelos monges beneditinos franceses durante suas rotinas.

Você não precisa ser tão obsessivo quanto eu ao vasculhar o mundo em busca de tecidos: uma simples toalha de mesa quadriculada serve, assim como um rolo de seda crua ou um conjunto de panos de prato usados como jogos americanos. Cada pedaço de pano que você emprega dessa maneira traz um pouco de ordem artística às suas refeições em torno do fogo.

MILHO

HUMITAS EM TRÊS VERSÕES 182

POLENTA CREMOSA COM COGUMELOS GRELHADOS 186

FATIAS DE POLENTA GRELHADA COM ESPINAFRE CHAMUSCADO E PIMENTÃO 188

POLENTA GRELHADA COM RADICCHIO E RÚCULA 191

SALADA DE MILHO GRELHADO COM ABACATE E TOMATE-CEREJA 192

SALADA DE MILHO GRELHADO COM COGUMELOS, RÚCULA E PIMENTÃO 195

A DEUSA DOURADA DAS AMÉRICAS

Se você fosse de carro da Times Square, em Nova York, até minha casa em La Boca, em Buenos Aires, passaria por montanhas, praias, planícies cobertas de grama e densas florestas. O que essas paisagens tão diferentes têm em comum?

Por milhares de anos, os nativos americanos cultivaram milho ao longo de cada passo desse trajeto.

O milho era adorado como uma deusa de cabelos dourados. Milho era sinônimo de fertilidade. Sinônimo de arte. Em suma, milho era vida, e a vida era impensável sem o milho. Seus grãos eram transformados em farinha, raspados, espremidos, secos e cozidos, mexidos tão incansavelmente quanto um *risotto* (e com um resultado igualmente cremoso). Já cozinhei milho como os astecas e — mais perto de casa — como os incas, deixando-o ao ar da montanha para congelar e descongelar por dias a fio, de modo que ficassem cremosos e defumados depois de prontos. Na Itália, aprendi a arte da polenta e, na província de Salta, no norte da Argentina, vi como os indígenas esmagavam o milho entre duas enormes pedras e extraíam a polpa e o elixir dos grãos frescos. Eles os embrulhavam nas folhas mais tenras da própria planta e os cozinhavam na *plancha*, em forno a lenha, ou numa *parrilla* em fogo brando.

Onde quer que o fogo tivesse sido dominado, os povos originários das Américas cozinhavam milho.

HUMITAS EM TRÊS VERSÕES

As *humitas* são as primas andinas dos *tamales*, típicos do México e da América Central. Enquanto os *tamales* são feitos com *masa* (à base de farinha de milho), as *humitas* são feitas com milho fresco ralado. Ainda há muitos incas no norte da Argentina, e eu aprendi o jeito deles de preparar *humitas* em meados da década de 1980, durante as gravações de um dos meus primeiros programas de televisão. Sempre gostei de gravar ao ar livre, principalmente com povos indígenas. Era um dia muito frio nas montanhas de Santa Fe. Tínhamos combinado de filmar com uma mulher local que era uma renomada "humiteira". Embrulhada em inúmeras camadas de roupa para se proteger do vento frio e vestindo um lindo avental, ela nos deu as boas-vindas. Ralou o milho numa pedra usada há séculos pelo seu povo sempre que queria ralar ou moer um ingrediente. Enquanto isso, ela cozinhou a palha do milho até ficar macia o suficiente para abraçar a mistura de milho ralado, pimenta, cebola e um pouco de queijo. No ar frio da montanha, suas *humitas* eram um calor bem-vindo. Se você está se perguntando onde está a palha do milho nesta receita, saiba que não vai encontrá-las aqui. Resolvi ir direto para o delicioso recheio.

Rende de 4 a 6 porções

8 espigas de milho frescas, sem a palha

2 colheres (sopa) de manteiga sem sal

1 colher (sopa) de azeite de oliva extravirgem ou mais um pouco para finalizar

1 cebola média picada

½ xícara (120 ml) de leite integral

Um punhado de folhas de manjericão fresco

1 colher (chá) de pimenta-calabresa

Sal grosso e pimenta-do-reino preta moída na hora

Uma pitada de açúcar (opcional)

Pão de campanha tostado, para servir

Prepare um fogo médio-baixo e coloque uma grelha sobre ele. Pegue uma panela média e funda de ferro fundido, como um *caldero* ou uma caçarola.

Rale as espigas com a parte grossa do ralador dentro de uma tigela grande. Passe o lado cego de uma faca sobre o que restou, juntando à massa todo o líquido doce e leitoso que restou.

Coloque o *caldero* ou a caçarola sobre a grelha (ou em fogo médio-baixo, se estiver cozinhando dentro de casa). Aqueça a manteiga e o azeite e acrescente a cebola. Refogue delicadamente, mexendo sempre, até que a cebola fique translúcida, por cerca de 8 minutos. Não deixe dourar.

Acrescente o milho e seu líquido e continue a cozinhar por 1 minuto ou 2, até que o líquido comece a engrossar. Despeje metade do leite e, quando ele tiver sido completamente absorvido, vá misturando aos poucos o restante. Cozinhe em fogo baixo, mexendo sempre, por cerca de 5 minutos, dependendo do milho, até que os grãos estejam cozidos e a mistura esteja grossa.

Fatie ou pique o manjericão e misture-o ao milho. Acrescente a pimenta-calabresa a gosto e tempere com sal, pimenta-do-reino e uma pitada de açúcar ou um fio de azeite, se desejar. Sirva acompanhado do pão torrado.

VARIAÇÕES

HUMITAS COM PINOLES E ALCAPARRAS

Ao analisar os ingredientes da receita de um chef, muitas vezes você será capaz de contar um pouco sobre a história dessa pessoa. No meu caso, esta receita combina as *humitas* dos Andes com um tempero clássico do Mediterrâneo, encontrado nos bairros italianos tradicionais de Buenos Aires.

Rende 4 porções

3 cebolinhas com as raízes aparadas

1 colher (sopa) de alcaparras, escorridas

1 colher (sopa) de azeite de oliva extravirgem ou mais um pouco para a *plancha*

¼ de xícara de pinole tostado

Fatias de pão tostado para servir

Prepare as *humitas* como indicado na página anterior.

Doure as cebolinhas em uma *plancha* ou frigideira quente pincelada com azeite até ficarem parcialmente chamuscadas e ligeiramente amolecidas. Retire-as do fogo e pique-as grosseiramente. Reserve. Coloque as alcaparras em uma tigela pequena, acrescente 1 colher (sopa) ou mais de azeite e misture. Adicione a cebolinha e os pinoles. Espalhe a mistura sobre as *humitas* quentes e sirva com o pão.

continua

MILHO 183

HUMITAS A LA PARRILLA EM FOLHA DE ACELGA QUEIMADA

As *humitas* tradicionais são embrulhadas na palha do milho, mas essa palha é dura e fibrosa demais para ser consumida. Portanto, eu embrulho as minhas em acelga, que é comestível. Gosto especialmente do toque defumado que se obtém ao chamuscar a acelga. Acrescentar queijo derretido é uma das formas preferidas de preparo na província de Salta, no norte da Argentina. Durante os meus vinte e poucos anos, aprendi muito com a culinária saltenha.

Rende 4 porções

8 folhas grandes e perfeitas de acelga portuguesa com os caules

115 g de queijo de cabra cremoso, esfarelado

½ xícara (120 ml) de azeite de oliva extravirgem, mais um pouco, se necessário

Prepare as *humitas* como indicado (p. 182), exceto pelo azeite para regar no final.

Prepare um fogo alto e coloque uma grelha sobre ele. (Ou use uma panela grande e uma frigideira raiada de ferro fundido, se estiver cozinhando dentro de casa.)

Encha o *caldero* com água, coloque-o sobre a grelha e espere ferver (ou encha a panela grande com água e leve para ferver no fogão, se estiver cozinhando dentro de casa). Forre uma assadeira com panos de prato.

Enquanto isso, amarre as folhas de acelga pelos caules com um barbante, formando um feixe. Segure-o com uma pinça e mergulhe-o por 30 segundos ou menos na água fervente, só até que as folhas amoleçam, mas permaneçam verdes e brilhantes. Agite para escorrer a água e transfira para a assadeira forrada. Corte o barbante, espalhe as folhas sobre os panos e seque-as por completo.

Coloque as folhas sobre uma tábua. Com uma faca afiada, remova a parte mais dura dos caules, contornando-os com um V fundo até a base. Coloque uma porção de cerca de 3 colheres (sopa) das *humitas* sobre a parte mais larga de cada folha. Faça um buraco em cada porção com as costas de uma colher e encha com 1 colher (sopa) de queijo, depois cubra o queijo com a *humita*. Dobre as laterais das folhas sobre o recheio e enrole-as para formar trouxinhas. Pincele as trouxinhas generosamente com azeite de todos os lados.

Pincele a grelha quente com azeite (se estiver cozinhando dentro de casa, aqueça a grelha em fogo alto e depois pincele com azeite). Coloque as trouxinhas sobre a grelha, com o lado da dobra para cima, e deixe cozinhar até ficar chamuscado por baixo e se soltar facilmente, por 1 a 2 minutos. Usando uma espátula larga, vire e grelhe do outro lado por mais 1 minuto ou mais, até que a acelga esteja carbonizada, as trouxinhas estejam aquecidas por igual e o queijo tenha derretido. Transfira para pratos individuais e sirva imediatamente.

POLENTA CREMOSA COM COGUMELOS GRELHADOS

Em 1985, publiquei meu primeiro livro. Eu me senti muito orgulhoso, principalmente por causa da foto maravilhosa de uma polenta usada na capa. Logo, planejei apresentar essa receita em um festival culinário em Buenos Aires. A plateia de cerca de cem pessoas ocupou a enorme tenda onde aconteceria a demonstração. O evento estava completamente lotado. Imagine minha surpresa e decepção quando anunciei que ia preparar uma polenta e metade do público se levantou e foi embora, antes mesmo de eu começar. Ao que parece, os *foodies* esnobes de Buenos Aires não queriam aprender nada sobre polenta, que eles consideravam comida de gente pobre. Embora tenhamos feito algum progresso contra esse esnobismo alimentar, sempre que escrevo algo sobre polenta é comum receber comentários como: "O Mallmann deve estar falido se está escrevendo receitas de polenta em vez de bife". Essas pessoas se esquecem de que, em cozinhas humildes, onde cada centavo conta, cozinheiros domésticos aprenderam a criar sabores e texturas extremamente cativantes se baseando nos ingredientes mais simples. Para mim, esses pratos ancestrais são a verdadeira base de uma boa culinária.

Rende 4 porções

5 xícaras (1,2 litro) de leite integral (ou uma mistura de leite e água em partes iguais), mais um pouco, se necessário

½ xícara (120 ml) de azeite de oliva extravirgem ou mais um pouco para a *parrilla*

1½ xícara (240 g) de farinha para polenta

2 colheres (sopa) de manteiga sem sal, cortada em cubos

1½ xícara (150 g) de queijo parmesão ou cheddar (tipo inglês) ralado

600 g de cogumelos variados (como shiitake, portobello, hiratake), limpos e aparados

3 dentes de alho, picados finamente

Um punhado grande de folhas picadas de salsinha fresca

Sal grosso e pimenta-do-reino preta moída na hora

Pimenta-calabresa (opcional)

Prepare um fogo médio-alto e coloque uma grelha sobre ele. Pegue uma panela grande e funda de ferro fundido, como um *caldero* ou uma caçarola. Acomode-a sobre a grelha (ou no fogão em fogo médio-baixo, se estiver cozinhando dentro de casa).

Coloque o leite e 2 colheres (sopa) de azeite na panela e leve para ferver. Misture a polenta aos poucos, mexendo sempre à medida que for engrossando. Ajuste as brasas (ou o fogão) para reduzir o fogo e cozinhar a polenta em um fervilhar suave, mexendo-a a cada poucos minutos e acrescentando mais leite ou água, se necessário, até que esteja homogênea, grossa e cremosa, mas ainda bastante úmida, por cerca de 20 minutos. Retire do fogo e, com uma colher de pau, misture a manteiga e o queijo. Tampe a panela, mantendo-a aquecida, mexendo de vez em quando e adicionando uma colherada de leite quente ou água, se necessário, enquanto grelha os cogumelos.

Se estiver usando cogumelos hiratake, separe os aglomerados que sejam grandes demais antes de grelhar. Coloque o alho em uma tigela com a salsinha. Junte o azeite restante e tempere a gosto com sal, pimenta-do-reino e pimenta-calabresa, se estiver usando. Pincele a grelha quente com

azeite e espalhe os cogumelos formando uma única camada, em mais de uma leva, se necessário (se estiver cozinhando dentro de casa, aqueça a frigideira em fogo alto e depois pincele com azeite). Cozinhe em fogo alto até dourar bem, por cerca de 2 minutos. Regue com o azeite da mistura de alho e salsinha, depois vire e deixe cozinhar do outro lado, até que os cogumelos estejam macios e suculentos quando espetados com um garfo, por cerca de mais 2 minutos. Quando estiverem prontos, coloque-os na tigela com o alho e a salsinha. Se estiver usando portobellos inteiros, corte-os ao meio ou em quatro com uma tesoura sobre a tigela, para extrair os sumos. Adicione os cogumelos na mistura de alho e salsinha, acrescentando mais azeite, se desejar. Despeje a mistura sobre tigelas individuais de polenta quente e sirva imediatamente.

MILHO 187

FATIAS DE POLENTA GRELHADA COM ESPINAFRE CHAMUSCADO E PIMENTÃO

Sempre que visito meu refúgio em uma pequena ilha nos confins mais remotos da Patagônia, preparo uma grande quantidade de polenta, que guardo em fôrmas de pão e vou comendo ao longo de dias. No inverno, quando a neve forma montes enormes do lado de fora da minha cabana, enterro as fôrmas na neve até que a polenta esteja pronta para ser cortada e grelhada e alimentar todo um coletivo de amigos e familiares. Como prato principal ou acompanhamento, as fatias vão bem com uma enorme variedade de *toppings* e molhos. Se você deixar a imaginação fluir, é provável que o resultado seja gratificante e saboroso. Aqui, o espinafre levemente queimado combina bem com os minipimentões doces e marcantes.

Rende de 4 a 6 porções

2 xícaras (480 ml) de caldo de legumes ou leite integral

2 xícaras (480 ml) de água

1 colher (sopa) de azeite de oliva extravirgem, mais um pouco para a *plancha*

1½ xícara (240 g) de farinha para polenta

Sal grosso e pimenta-do-reino preta moída na hora

8 colheres (sopa) (115 g) de manteiga sem sal, cortada em cubos

1 xícara (100 g) de queijo parmesão ralado na hora

2 ou 3 maços de espinafre lavado, sem os caules mais duros

Sumo de 2 limões-sicilianos

4 minipimentões, sem o cabo e sem as sementes, cortados em rodelas finas

Flor de sal

Primeiro, prepare a polenta. Forre uma assadeira de 23 cm × 33 cm com papel-filme. Misture o caldo, a água e o azeite em uma panela e leve ao fogo médio-alto. Acrescente a polenta, mexendo, espere ferver e cozinhe, sem parar de mexer, até que ela fique grossa o suficiente para manter a forma, por cerca de 15 minutos. Tempere a gosto com sal e pimenta. Retire do fogo e incorpore a manteiga aos poucos com uma colher de pau, depois adicione o parmesão. Despeje a polenta na assadeira forrada, cubra a superfície com papel-filme e espalhe bem. Leve à geladeira por cerca de 1 hora, até ficar firme, ou de um dia para o outro. Quando estiver na hora de cozinhar, desenforme a polenta e corte-a em doze pedaços.

Aqueça a *plancha* — ou, se estiver cozinhando dentro de casa, uma chapa de ferro fundido — no fogo alto e pincele com azeite. Quando começar a chiar, adicione as fatias de polenta, deixando cerca de 2,5 cm de distância entre cada uma. Deixe dourar bem, por cerca de 2 minutos cada lado. Transfira as fatias para uma travessa grande quando estiverem prontas.

Limpe a *plancha* ou a chapa e pincele-a novamente com azeite. Quando começar a soltar fumaça, use uma pinça para espalhar o espinafre por toda a superfície. Ele deve começar a murchar e a ganhar cor na parte de baixo — doure de um lado apenas, por tempo suficiente para os caules amolecerem. Com uma pinça, transfira o espinafre semicozido para uma travessa e regue com o sumo de limão. Espalhe as rodelas de minipimentão por cima, tempere com flor de sal e sirva imediatamente.

POLENTA GRELHADA COM RADICCHIO E RÚCULA

Este é um sanduíche para se comer de garfo e faca. Polenta, com uma quantidade generosa de parmesão, tonificada pela pungência marcante do radicchio e da rúcula. Na minha opinião, é a mistura ideal de sabores e texturas, que nunca se funde em uma coisa só. Em vez disso, cada um desses ingredientes mantém sua identidade própria na boca. É uma pequena batalha, que termina em um empate maravilhoso.

Rende 4 porções como prato principal, 8 porções como entrada

2 xícaras (480 ml) de leite integral ou caldo de legumes

2 xícaras (480 ml) de água

5 colheres (sopa) de azeite de oliva extravirgem, mais um pouco para finalizar

1½ xícara (240 g) de farinha para polenta

8 colheres (sopa) (115 g) de manteiga sem sal, cortada em cubos de 2,5 cm

1 xícara (100 g) de queijo parmesão ralado na hora

Um punhado grande de rúcula

Um pé pequeno de radicchio, as folhas separadas e cortadas em tiras grossas

Vinagre de vinho tinto

Sal grosso e pimenta-do-reino preta moída na hora

Primeiro, prepare a polenta. Forre uma fôrma quadrada de 20 cm com papel-filme. Junte o leite, a água e 1 colher (sopa) de azeite em uma panela em fogo médio-alto e deixe ferver. Despeje a polenta aos poucos e cozinhe, mexendo sempre, até que a polenta fique espessa e cremosa, por cerca de 20 minutos. Incorpore a manteiga e o parmesão com uma colher de pau. Despeje a mistura na assadeira forrada, cubra com outro pedaço de papel-filme e alise com uma espátula ou a palma da mão para formar uma camada uniforme de cerca de 2,5 cm de espessura. Leve à geladeira por pelo menos 1 hora, até ficar firme, ou de um dia para o outro.

Prepare um fogo médio-alto e aqueça a *plancha*. Se estiver cozinhando dentro de casa, aqueça uma ou mais chapas grandes de ferro em fogo médio-alto.

Corte a polenta resfriada em quatro quadrados, depois corte-os ao meio para obter oito retângulos no total. Pincele generosamente a *plancha* ou a chapa quente com azeite e espalhe os pedaços de polenta sobre ela, bem espaçados. Deixe até dourar na parte de baixo, por cerca de 3 minutos, depois vire e doure o outro lado por mais 3 minutos, adicionando mais azeite à *plancha*, se necessário. Os pedaços devem ficar dourados por fora e quentes por dentro.

Enquanto isso, misture a rúcula e o radicchio em uma tigela e tempere com o azeite restante, o vinagre e o sal e pimenta a gosto.

Para servir, coloque as fatias de polenta em pratos individuais. Com uma espátula fina, abra cada pedaço de polenta grelhada como se fosse um pão. Recheie com uma camada da salada de rúcula e radicchio e feche. Sirva imediatamente.

SALADA DE MILHO GRELHADO COM ABACATE E TOMATE-CEREJA

De 2000 a 2006, quando a Argentina passava por uma de suas recorrentes crises financeiras, eu me mudei para Quogue, no East End de Long Island. Eu tinha um pequeno albergue em uma rua tranquila e um restaurante na praia em Westhampton. Ele era banhado pela luz mágica de Long Island, que se espalhava através da suave névoa marítima. A estação de crescimento é mais longa no East End que no interior por causa das temperaturas mais altas provocadas pela corrente do Golfo. Tenho uma lembrança vívida do sabor do milho-verde lá: grelhado até ficar chamuscado em alguns pontos, dourado em outros e repleto de doçura por toda parte. Tomates-cereja intensamente saborosos, um abacate cremoso e o toque das ervas frescas fundem-se nesta salada para me lembrar daqueles verões à beira-mar.

Rende 6 porções

6 espigas de milho frescas sem a palha

¼ de xícara de azeite de oliva extravirgem ou mais um pouco, se necessário

290 g de tomates-cereja, cortados ao meio

Sal grosso

Um punhado de folhas de coentro fresco

Um punhado de folhas de salsinha fresca

3 avocados

Sumo de 3 limões-sicilianos

Pimenta-do-reino preta moída na hora

ÓLEO DE PIMENTA (p. 299, opcional)

Prepare um fogo alto e coloque uma grelha sobre ele. Se estiver cozinhando dentro de casa, aqueça uma frigideira raiada de ferro fundido em fogo alto.

Pincele o milho com um pouco de azeite e unte a grelha ou a frigideira. Grelhe o milho, virando de vez em quando, por 5 a 10 minutos, dependendo do grau de chamuscado de que você goste. Transfira para uma tábua e corte os grãos em tiras compridas.

Enquanto estiver grelhando, coloque os tomates-cereja em uma tigela e tempere-os com sal a gosto. Acrescente as folhas de coentro e de salsinha, tempere com um pouco de azeite e misture delicadamente.

Enquanto isso, corte os avocados em rodelas: coloque um abacate de lado sobre uma tábua e, com uma faca serrilhada afiada (como uma faca de pão), comece a cortar uma fatia de 2 cm de espessura, atravessando a casca. Quando chegar ao caroço, corte ao redor dele — as fatias vão deslizar sobre a tábua. Descasque-as e pincele-as com sumo de limão, para que não escureçam.

Para servir, coloque o milho, os tomates e os avocados em uma travessa larga. Tempere com sumo de limão, azeite, sal e pimenta-do-reino e finalize com o óleo de pimenta, se desejar.

SALADA DE MILHO GRELHADO COM COGUMELOS, RÚCULA E PIMENTÃO

Quando está na época do milho, sou capaz de comê-lo quase todos os dias. O interessante aqui são os cogumelos. Grelhados e depois mergulhados em um vinagrete leve, ficam macios e deslizam na boca como um ravióli. Os cogumelos têm alguma propriedade mágica que intensifica o sabor de todos os outros ingredientes desta salada. O milho e os pimentões ficam muito mais doces, a rúcula, muito mais picante.

Rende 6 porções

450 g de cogumelos shiitake, limpos e sem os caules

½ xícara (120 ml) de azeite de oliva extravirgem, mais um pouco, se necessário

2 dentes de alho, picados finamente

6 espigas de milho frescas, sem a palha

2 colheres (sopa) de chalota, picada

Sal grosso e pimenta-do-reino preta moída na hora

140 g de rúcula

Alguns minipimentões cortados em rodelas

2 colheres (sopa) de vinagre de vinho tinto

Prepare um fogo alto e coloque uma grelha sobre ele. Se estiver cozinhando dentro de casa, aqueça uma frigideira raiada de ferro fundido em fogo médio-alto.

Em uma tigela, misture os cogumelos com ¼ de xícara de azeite e o alho. Reserve.

Pincele o milho com um pouco de azeite e unte a grelha ou a frigideira. Grelhe o milho, virando de vez em quando, por 5 a 10 minutos, dependendo do grau de chamuscado de que você goste. Transfira para uma tábua e corte os grãos em tiras compridas, depois pique-as grosseiramente e coloque em uma tigela. Junte a chalota e tempere a gosto com sal e pimenta-do-reino.

Pincele a grelha ou a frigideira com mais azeite. Espalhe os cogumelos, com a parte onde ficava o caule virada para baixo, na grelha ou na frigideira, sem sobrepô-los. Deixe por 2 minutos, depois regue com o azeite de alho da tigela e vire-os, e regue com mais azeite de alho. Grelhe os chapéus dos cogumelos até ficarem bem marcados pela grelha e estarem macios e suculentos quando perfurados com um garfo, por cerca de 2 minutos. À medida que ficarem prontos, coloque-os na tigela do milho, junto com os líquidos acumulados nos chapéus. Usando uma tesoura, corte os pedaços maiores ao meio sobre a tigela, para não desperdiçar o líquido. Tempere com um pouco mais de sal e pimenta a gosto e deixe descansar por alguns minutos.

Para servir, coloque a rúcula e os pimentões fatiados em uma saladeira grande e tempere com o restante do azeite, o vinagre, sal e pimenta-do-reino a gosto. Misture bem o milho e os cogumelos com todo o líquido que houver na tigela e os acrescente à saladeira com a rúcula e o pimentão.

FUNCHO

SALADA DE FUNCHO COM HORTELÃ   201

FUNCHO CHAMUSCADO E TOMATES *A LA PLANCHA* COM ABACATE E SEMENTES DE GIRASSOL   203

FUNCHO CHAMUSCADO *A LA PLANCHA* COM MOLHO DE CONHAQUE, COENTRO E CARDAMOMO   204

FUNCHO CONFITADO COM OVO *MOLLET*   206

RAGU DE FUNCHO   211

PAN CHATO COM FUNCHO   212

UM COMPANHEIRO SENSACIONAL

Eu não conhecia o funcho até trabalhar em Imola, na Itália, no restaurante San Domenico, um três estrelas Michelin comandado por Gianluigi Morini. Para além de suas receitas impecáveis, o San Domenico é frequentemente citado por elevar as tradições rústicas das *trattorias* ao patamar da alta gastronomia. Eu tinha vinte e poucos anos na época, e meu objetivo era me tornar um chef refinado na Argentina, mas acho que a paixão pelas coisas rudimentares deve ter se alojado na minha memória, porque é isso que eu acabaria fazendo quando pegasse as tradições das culinárias *gaucha* e indígena e as mesclasse em uma configuração requintada. Minha filosofia: se a receita for prazerosa, não importa quão humildes sejam suas origens — ela merece os mais belos ambientes e aparatos.

    No San Domenico, havia um prato muito popular, que era porco assado e pólen de funcho servido com um confit de funcho. Prestei pouca atenção nesse vegetal desconhecido na época, embora devesse ter preparado milhares de porções dele enquanto trabalhei lá. Foi só quando me voltei para o fogo à lenha que o funcho revelou sua beleza simples e intensa. Assado, chamuscado, cru, ensopado ou confitado, tem um sabor delicado e agradável. E, embora não seja particularmente doce, tem a capacidade de revelar uma doçura sutil em outros ingredientes. Como muitos mestres já disseram em relação a um jovem aprendiz cooperativo, o funcho "se dá muito bem com os outros".

SALADA DE FUNCHO COM HORTELÃ

À medida que os meses do inverno avançam, começo a ansiar por uma salada fresca crocante. Fiquei muito contente ao descobrir que, a essa altura, o funcho ainda está à venda, e bastante disposto a desempenhar o papel principal nesta salada refrescante. Ele tem um leve toque de anis ou alcaçuz, assim como a hortelã, mas, de alguma forma, eles são extremamente sutis e não saturam o paladar.

Rende 6 porções

3 bulbos de funcho

Azeite de oliva extravirgem

1 limão-siciliano

Um punhado de folhas de hortelã fresca

Flor de sal

Apare os bulbos de funcho, descarte os talos e qualquer parte mais dura e corte-os ao meio, da raiz ao caule. Fatie-o no sentido do comprimento o mais fino possível, de preferência, usando uma mandolina.

Coloque o funcho em uma tigela e tempere com azeite. Rale a casca do limão sobre o funcho, depois corte o limão ao meio e esprema o sumo por cima. Acrescente as folhas de hortelã, tempere a gosto com flor de sal e misture delicadamente antes de servir.

FUNCHO CHAMUSCADO E TOMATES *A LA PLANCHA* COM ABACATE E SEMENTES DE GIRASSOL

Terroso, acastanhado, rico, picante, doce, salgado, crocante — esta receita é como uma exposição de sabores e texturas. Cada ingrediente mantém sua identidade, para que o efeito geral seja como o de um grupo de amigos com personalidades fortes reunidos em uma conversa animada.

Rende 6 porções

PARA O MOLHO DE LIMÃO

¾ de xícara (180 ml) de azeite de oliva extravirgem

¼ de xícara de sumo de limão-siciliano espremido na hora

Sal grosso e pimenta-do-reino preta moída na hora

3 bulbos de funcho

Azeite de oliva extravirgem

3 avocados pequenos maduros

300 g de tomate-cereja, cortado ao meio

2 colheres (sopa) de açúcar

Sal grosso

¼ de xícara de sementes de girassol, tostadas

Flor de sal

Prepare um fogo médio e aqueça a *plancha*. Se estiver cozinhando dentro de casa, aqueça uma chapa grande de ferro fundido em fogo médio.

Para fazer o molho de limão, coloque o azeite em uma tigela pequena, despeje o sumo de limão aos poucos e bata com um garfo. Tempere a gosto com sal e pimenta. Reserve.

Corte os bulbos de funcho no sentido do comprimento em fatias de cerca de 1,25 cm de espessura e coloque-as em uma assadeira. Pincele generosamente com azeite em ambos os lados. Pincele a *plancha* ou chapa quente com azeite e espalhe as fatias de funcho, com bastante espaço entre cada uma. Deixe até que estejam bem douradas na parte de baixo, por cerca de 5 minutos. Vire-as e deixe até ficarem macias no meio, por 3 a 5 minutos. Quando estiverem prontas, transfira para uma travessa grande, sem sobreposição.

Enquanto isso, corte os abacates em rodelas (ver p. 192) e tempere-os ligeiramente com 2 colheres (sopa) do molho de limão. Quando o funcho estiver pronto, arrume as fatias de abacate por cima dele na travessa.

Unte novamente a *plancha* ou a chapa e adicione os tomates-cereja, com o lado cortado para baixo. Polvilhe-os com o açúcar e um pouco de sal e deixe cozinhar durante alguns minutos, sem mexer. Com uma espátula fina, vire-os e doure-os por cerca de 30 segundos do outro lado (você não quer que eles estourem). Transfira-os diretamente para a travessa com o funcho e o abacate. Espalhe as sementes de girassol por cima e finalize com o restante da limoneta e flor de sal a gosto.

FUNCHO CHAMUSCADO *A LA PLANCHA* COM MOLHO DE CONHAQUE, COENTRO E CARDAMOMO

Grelhar o funcho na *plancha* proporciona uma aparência atraente e uma leve textura crocante por fora, enquanto a parte de dentro cozinha até ficar macia, mantendo alguma firmeza. As sementes de coentro e o cardamomo — que combinam muito bem com o funcho — dão um toque de pungência ao molho, que, como todo bom molho, complementa a estrela do show. Quanto ao conhaque, é sempre uma ótima ideia.

Rende de 4 a 6 porções

3 bulbos grandes de funcho, aparados

2 colheres (sopa) de azeite de oliva extravirgem, mais um pouco para a *plancha*

Sal grosso e pimenta-do-reino preta moída na hora

1½ colher (chá) de sementes de erva-doce

PARA O MOLHO

½ colher (chá) de sementes de cardamomo (de cerca de 8 bagas)

1½ colher (chá) de sementes de coentro

2 colheres (sopa) de conhaque

1 colher (sopa) de mel

1 colher (chá) de folhas de tomilho fresco

⅓ de xícara (80 ml) de azeite de oliva extravirgem

¼ de colher (chá) de vinagre de vinho tinto

Sal grosso

Prepare um fogo médio-alto e aqueça a *plancha*. (Ou use uma chapa grande de ferro fundido, se estiver cozinhando dentro de casa.)

Corte os bulbos de funcho no sentido do comprimento em fatias de 1,25 cm de espessura, passando pela base para que não se desmanchem. Coloque-as em uma assadeira, adicione o azeite e vire para recobrir bem dos dois lados. Tempere com sal, pimenta e a erva-doce e reserve.

Para o molho, coloque o cardamomo em uma frigideira pequena e seca. Adicione as sementes de coentro e toste-as em fogo médio, por cerca de 3 minutos, mexendo, até ficarem perfumadas. Coloque as sementes em um pilão e esmague-as, depois volte com elas para a frigideira. Reduza o fogo, adicione o conhaque, afaste-se e utilize um fósforo aceso para flambar. Quando a chama acabar, acrescente o mel e o tomilho. Retire do fogo, acrescente o azeite e o vinagre e tempere a gosto com sal.

Pincele a *plancha* quente com azeite (se estiver cozinhando dentro de casa, aqueça a chapa em fogo médio-alto e depois pincele com azeite). Quando o azeite começar a chiar, espalhe as fatias de funcho sobre a *plancha* ou a chapa. Deixe até ficar bem carbonizado na parte de baixo, por cerca de 3 minutos. Vire e deixe dourar do outro lado, até que as fatias estejam macias quando perfuradas com um garfo.

Para servir, arrume o funcho em uma travessa e regue com o molho.

FUNCHO CONFITADO COM OVO *MOLLET*

Ao ser confitado, o funcho fica macio e suculento, quase derretendo. As sementes de coentro, o cardamomo e o alecrim acrescentam flashes de sabor aromático. Os ovos *mollets* são sublimes — cheios de uma gema mole que não consegue decidir se quer ser líquida ou sólida, por isso, finca uma posição intermediária. Embora o funcho não seja tipicamente um ingrediente de café da manhã, acho que esta receita rende um belo café da manhã tardio, um almoço ou um jantar leves.

Rende 6 porções

1 xícara (240 ml) de azeite de oliva extravirgem

3 bulbos de funcho

1 cabeça de alho, cortada ao meio na transversal

1 colher (sopa) de sementes de coentro

2 folhas de louro

6 bagas de cardamomo

3 ramos grandes de alecrim

1 colher (chá) de sal grosso

8 grãos inteiros de pimenta-do-reino preta

1½ xícara (360 ml) de água

3 ovos

Limão-siciliano cortado em gomos, para servir

Aqueça o *horno*, ou um forno doméstico, a 190°C.

Acrescente ½ xícara (120 ml) de azeite em uma panela pequena de ferro fundido. Arrume os bulbos de funcho e acrescente o alho, as sementes de coentro, o louro, o cardamomo, o alecrim, o sal e a pimenta. Adicione a ½ xícara (120 ml) de azeite restante e a água. Tampe a panela e leve ao forno por cerca de 1 hora, até que o funcho esteja bem macio quando perfurado com um palito.

Enquanto isso, encha uma panela com água suficiente para cobrir os ovos e leve para ferver em fogo médio. Mergulhe os ovos na água e cozinhe por 6 minutos. Usando uma escumadeira, transfira-os diretamente para uma tigela grande com água e gelo para interromper o cozimento. Descasque-os.

Quando o funcho estiver pronto, retire-o do azeite e corte em rodelas. Corte os ovos em pedaços grosseiros. Disponha as fatias de funcho em uma travessa, espalhe os ovos por cima e sirva com o limão cortado em gomos ao lado.

RAGU DE FUNCHO

Como aprendi ao longo dos anos ao preparar ratatouille, se você tem um monte de legumes da estação, é difícil errar ao combiná-los em um ensopado ou em um ragu. Sirva com uma polenta cremosa e você terá uma refeição vegetariana saudável.

Rende 4 porções

2 bulbos grandes de funcho, aparados, os talos mais folhosos reservados

¼ de xícara de azeite de oliva extravirgem, mais um pouco, se necessário

1 cebola-roxa grande, cortada ao meio e em fatias finas

2 abobrinhas médias, em cubos

5 dentes de alho, picados grosseiramente

5 tomates grandes maduros, carnudos, cortados em pedaços grandes, os sumos reservados

Um punhado de folhas de endro fresco, picadas grosseiramente

Sal grosso e pimenta-do-reino preta moída na hora

Vinagre de vinho tinto de alta qualidade

Pimenta-calabresa

POLENTA CREMOSA (p. 186)

Prepare um fogo baixo e coloque uma grelha sobre ele.

Corte os bulbos de funcho ao meio no sentido do comprimento, depois em fatias finas também no sentido do comprimento. Coloque uma frigideira grande de ferro fundido sobre a grelha (ou no fogão em fogo baixo, se estiver cozinhando dentro de casa), adicione o azeite e a cebola e refogue bem devagar, mexendo, até a cebola ficar translúcida. Aumente o fogo para médio. Adicione a abobrinha e refogue por 1 minuto ou 2, para dourar levemente, em seguida, adicione as fatias de funcho e o alho e refogue, mexendo, por mais alguns minutos, tomando cuidado para não queimar o alho nem a cebola.

Adicione os tomates e seus sumos e cozinhe até que os legumes estejam macios e tenham liberado todos os seus caldos no ragu. Acrescente o endro e a maior parte das folhas reservadas do funcho e cozinhe por mais 1 minuto ou 2, para fundir os sabores e reduzir o líquido. Retire do fogo. Tempere a gosto com sal e pimenta-do-reino e adicione uma ou duas gotas de vinagre e pimenta-calabresa a gosto. Finalize com as folhas restantes do funcho e sirva sobre a polenta.

PAN CHATO COM FUNCHO

O *pan chato* é a versão argentina do pão árabe, adorado pelos *gauchos*, que pegam suas facas compridas, cortam um pedaço de carne enquanto ainda está assando e a envolvem com o pão. Não são necessários pratos nem garfos. O *pan chato* fica maravilhoso com inúmeros recheios vegetarianos. Nesta receita, uso funcho, azeitonas e tomates, formando uma espécie de rocambole. A parte de baixo fica crocante, e a maravilhosa mistura de vegetais não sai do lugar (de outra forma, todos esses pedaços em um *pan chato* aberto poderiam ir parar no seu colo!).

Rende 6 porções

PARA A MASSA

1 colher (chá) de fermento biológico seco

Cerca de ¾ de xícara (180 ml) de água morna

Cerca de 2 xícaras (250 g) de farinha de trigo, mais um pouco para polvilhar

1½ colher (chá) de sal grosso

1½ colher (chá) de açúcar

¼ de xícara de azeite de oliva extravirgem

PARA A TAPENADE

1 xícara (155 g) de azeitonas kalamata sem caroço

2½ colheres (sopa) (30 g) de alcaparras escorridas

¼ de xícara de azeite de oliva extravirgem, mais um pouco, se necessário

2 bulbos de funcho, aparados, as partes mais duras removidas

1 cebola

3 tomates confitados escorridos (p. 65), ou 1½ xícara (270 g) de tomate em lata escorrido

Para fazer a massa, dissolva o fermento em ¼ de xícara da água morna. Misture a farinha, o sal e o açúcar na tigela da batedeira elétrica com o batedor de pá e misture em velocidade baixa. Despeje a mistura de fermento, o azeite e mais ¼ de xícara de água morna e bata até misturar bem. Adicione gradualmente até mais 6 colheres (sopa) de água para formar uma massa homogênea, sem ficar nem muito pegajosa nem muito seca. Mude para o batedor de gancho e bata em velocidade média por cerca de 8 minutos, até que a massa fique lisa e elástica. Transfira-a para uma tigela grande polvilhada com farinha. Cubra com um pano úmido e deixe crescer em um lugar morno por cerca de 1 hora ou até quase dobrar de tamanho.

Prepare um fogo médio-alto e aqueça a *plancha*. (Ou use uma chapa grande de ferro fundido, se estiver cozinhando dentro de casa.) Aqueça o *horno*, ou um forno doméstico, a 190°C.

Pique as azeitonas e as alcaparras e misture-as em uma tigela. Adicione 2 colheres (sopa) de azeite e misture bem. A mistura deve ficar pastosa, mas não muito oleosa. Reserve.

Corte os bulbos de funcho ao meio no sentido do comprimento e, em seguida, corte as metades em fatias também no sentido do comprimento usando uma mandolina. Coloque em uma tigela e misture com cerca de 2 colheres (sopa) de azeite. Corte a cebola ao meio no sentido do comprimento e depois em fatias de cerca de 0,6 cm de espessura. Transfira-a para uma tigela à parte, regue com um fio de azeite e misture.

Forre uma assadeira com papel-toalha.

Pincele a *plancha* ou a chapa quente com azeite (se estiver cozinhando dentro de casa, aqueça a frigideira em fogo médio-alto e, em seguida, pincele com azeite) e espalhe as fatias de funcho sem sobrepô-las. Deixe até dourar na parte de baixo, por cerca de 1 minuto, depois vire com uma espátula larga para dourar do outro lado. Transfira para a assadeira forrada com papel-toalha. Pincele a *plancha* ou a chapa com mais azeite e doure a

cebola dos dois lados da mesma forma. Reserve à parte enquanto abre a massa.

Polvilhe uma superfície com farinha e forre uma assadeira grande com papel-manteiga. Coloque a massa sobre a superfície enfarinhada e abra-a com as palmas das mãos. Em seguida, com os dedos, empurre cuidadosamente a massa e estique até obter uma forma oval com cerca de 3 mm de espessura.

Espalhe a tapenade sobre a massa, deixando uma margem de 2,5 cm por toda a borda. Distribua o tomate por cima da tapenade, depois o funcho e, por último, a cebola. Levante um dos lados mais compridos da massa e comece a enrolar sobre o recheio, como se estivesse fazendo um rocambole. Polvilhe a superfície com mais farinha, se necessário, e coloque o rolo de massa com o lado da emenda para baixo. Usando uma faca afiada, apare o excesso de massa de uma das pontas, corte o rolo em rodelas de 2 cm de espessura e coloque na assadeira forrada com papel-manteiga, deixando um espaço de cerca de 2,5 cm entre elas.

Asse por cerca de 20 minutos ou até ficar bem dourado. Sirva quente.

GRÃOS

CHAUCHAS A LA PLANCHA COM VINAGRETE DE PEPINO 219

SALADA DE FEIJÃO-PRETO E FEIJÃO-BRANCO GRELHADOS 220

SALADA DE GRÃO-DE-BICO GRELHADO 223

FAINA EM QUATRO VERSÕES 225

LOCRO VEGANO COM PÊSSEGOS SECOS 227

MILANESA DE HOMUS COM TOMATE-CEREJA 230

SOBRE CAVALOS E COLHEITAS

Certa vez, tive uma pequena fazenda em uma colina, na cidade costeira de José Ignacio — bem perto do meu restaurante à beira-mar, Los Negros. Etelvino Nievas, o homem que cuidava da fazenda, fazia também meus fornos de barro. Etelvino tinha um modo inusitado de limpar os grãos que colhia todos os anos. Ele os reunia e os colocava no topo de uma colina, sobre um pedaço de estopa, onde secavam ao calor do sol e à brisa do mar. Depois de uma ou duas semanas, ele montava em seu cavalo e passava de um lado para outro sobre as vagens e, ao fazê-lo, separava os grãos comestíveis das cascas duras. Quando o vento soprava, espalhava as cascas, deixando apenas os deliciosos grãos. Se o tempo estivesse bom, ele os deixava secar ao sol por mais uma ou duas semanas.

Quem não pode contar com uma fazenda à beira-mar, um estábulo e uma plantação de feijões — como eu —, tem que comprar os grãos já secos, e é aqui que podemos ficar decepcionados com facilidade se os grãos não tiverem sido colhidos na última temporada. Se eles estiverem velhos, não há demolha nem cocção que irá torná-los cremosos, macios e suculentos. Você também pode ter sorte se encontrar feijões secos à venda em uma feira de produtores locais. Não pense nem por um minuto em comprar aquelas embalagens de aparência triste que estão na prateleira mais baixa do supermercado.

Nos momentos mais frios do inverno, poucas coisas aquecem meu espírito mais que a visão e o cheiro de uma panela de feijão cozinhando por horas em fogo baixo. Tempo e paciência são duas coisas muitas vezes negligenciadas em nossa sociedade acelerada. E, no verão, feijões frescos são um indicativo da plenitude da estação.

CHAUCHAS A LA PLANCHA
COM VINAGRETE DE PEPINO

Embora muitas vezes pensemos nos feijões como itens de despensa secos e duros que exigem longa cocção, essas vagens são exatamente o oposto, e têm um sabor tão fresco quanto qualquer coisa colhida da horta. Nosso apelido argentino *"chaucha"* abrange diferentes tipos de vagem, que são frequentemente vistas em pilhas lado a lado nas feiras de produtores. Um branqueamento rápido — que pode ser feito com antecedência — faz um pré-cozimento e ajuda a preservar a cor, mantendo o sabor fresco da horta. Uma passada na *plancha* confere um pouco de chamuscado e de caramelização. Como acontece com muitas frutas e vegetais colhidos no momento certo, as vagens exigem poucos complementos para dar origem a um prato saboroso e cheio de nuances. O pepino e um vinagrete dão um toque final refrescante.

Rende 4 porções

450 g de vagens frescas variadas, as pontas aparadas

¼ de xícara de azeite de oliva extravirgem, mais um pouco para a *plancha*

1½ colher (sopa) de vinagre de vinho tinto

1 pepino pequeno, sem casca, sem sementes e cortado em cubinhos

Sal grosso e pimenta-do-reino preta moída na hora

Prepare um fogo médio-alto e aqueça a *plancha*. (Ou use uma chapa grande de ferro fundido, se estiver cozinhando dentro de casa.)

Enquanto isso, leve uma panela grande de água para ferver e adicione as vagens. Espere retomar a fervura e cozinhe por cerca de 30 segundos (elas devem ficar com um tom verde brilhante). Escorra e lave em água fria, para esfriar.

Misture o azeite e o vinagre em uma tigela. Junte o pepino e tempere a gosto com sal e pimenta.

Pincele a *plancha* quente com azeite (se estiver cozinhando dentro de casa, aqueça a chapa em fogo médio-alto e depois pincele com azeite). Espalhe as vagens sobre a superfície quente e deixe-as dourar sem mexer, até que fiquem ligeiramente chamuscadas em alguns pontos, por 2 a 3 minutos. Usando duas espátulas largas (uma em cada mão), vire as vagens e doure do outro lado. Elas devem ficar macias, mas mantendo uma textura firme. Adicione metade do vinagrete de pepino às vagens e misture, como uma salada. Transfira tudo para uma travessa grande e rasa e misture o vinagrete restante. Tempere a gosto e sirva.

SALADA DE FEIJÃO-PRETO E FEIJÃO-BRANCO GRELHADOS

Alguns anos depois de começar a preparar batatas amassadas cozinhando-as e depois formando lentamente uma crosta na *plancha* (ver p. 27), percebi que era possível preparar feijão cozinhando-o e depois finalizando-o na *plancha,* para obter uma casquinha crocante. Sempre que é possível acrescentar textura a um prato, a receita fica mais interessante. Gosto da aparência proporcionada pelo uso de duas cores diferentes de feijão nesta salada. Acho que o preto tem um sabor mais intenso, enquanto o branco é um pouco mais sutil. O funcho e a cebolinha trazem um pouco de doçura e pungência, para contrabalançar.

Ao passar feijões cozidos na *plancha,* espalhe-os para que todos entrem em contato com a superfície quente — e não mexa. Você só precisa dourá-los de um dos lados. Cada variedade de feijão deve ser cozida separadamente e misturada no final, caso contrário, o feijão-preto irá manchar o branco.

Nota: Guarde o caldo saboroso que sobra ao escorrer o feijão para beber ou acrescentar a sopas.

Rende de 4 a 6 porções

1 xícara (140 g) de feijão-preto seco

1 xícara (140 g) de feijão-branco seco

1 cebola-roxa, cortada em quatro

12 grãos inteiros de pimenta-do-reino preta

8 ramos de tomilho

2 folhas de louro grandes

1 cabeça de alho, cortada ao meio na transversal

½ xícara (120 ml) de azeite de oliva extravirgem, mais um pouco, se necessário

1 bulbo grande de funcho, cortado ao meio no sentido do comprimento, os talos reservados

Sal grosso e pimenta-do-reino preta moída na hora

1 maço de cebolinha, fatiado na diagonal

2 colheres (sopa) de vinagre de vinho tinto, mais um pouco, a gosto

Um punhado grande de folhas de salsinha fresca

Coloque os feijões de molho em duas tigelas separadas por, pelo menos, 6 horas ou de um dia para o outro.

Prepare um fogo médio-alto e aqueça a *plancha.* (Ou use duas chapas grandes de ferro fundido, se estiver cozinhando dentro de casa.)

Enquanto isso, escorra e lave os feijões separadamente e coloque cada um em uma panela. Acrescente bastante água, depois coloque metade da cebola (¾), 6 grãos de pimenta, 4 ramos de tomilho, 1 folha de louro e metade do alho em cada panela. Leve as panelas ao fogo médio-alto, espere ferver e cozinhe por cerca de 25 minutos, dependendo do feijão, até ficarem macios, mas não moles. Escorra e espalhe-os em duas assadeiras separadas, para que esfriem. Regue com um pouco de azeite e misture delicadamente para recobrir os grãos. Reserve.

Enquanto os feijões estiverem cozinhando, corte as metades de funcho em fatias de cerca de 1,25 cm de espessura no sentido do comprimento, passando pela raiz para que as fatias não se desmanchem. Coloque-as em uma tigela e misture com 2 colheres (sopa) de azeite. Tempere a gosto com sal e pimenta. Forre uma assadeira com papel-toalha. Pincele a *plancha* quente com azeite (se estiver cozinhando dentro de casa, aqueça uma chapa em fogo médio-alto, depois pincele com azeite) e grelhe as fatias de funcho até ficarem bem douradas, por cerca de 5 minutos. Vire e doure do

outro lado por cerca de 3 minutos e transfira para a assadeira forrada.

Adicione mais um pouco de azeite à *plancha* ou à chapa quente e coloque a cebolinha. Deixe até dourar levemente na parte de baixo, por cerca de 1 minuto, e transfira para uma tigela de servir.

Unte a *plancha* mais uma vez e espalhe os feijões em duas áreas separadas. Se estiver cozinhando dentro de casa, unte a chapa que você usou para a cebolinha e uma segunda chapa. Cozinhe os feijões de um lado apenas, até ficarem crocantes na parte de baixo, por cerca de 2 minutos.

Quando os feijões estiverem prontos, tempere-os ainda na *plancha* com o vinagre e um pouco de sal, misturando os feijões-pretos e os feijões-brancos com duas espátulas grandes de metal. Em seguida, transfira-os para a tigela de servir com a cebolinha e acrescente a salsinha. Se estiver cozinhando dentro de casa, coloque vinagre e sal em cada chapa separadamente e depois transfira para a tigela para misturar. Tempere com azeite e acrescente mais vinagre, sal e pimenta a gosto. Coloque o funcho grelhado e as folhas reservadas por cima e sirva quente.

GRÃOS 221

SALADA DE GRÃO-DE-BICO GRELHADO

Os séculos de domínio mouro na Espanha legaram ao mundo hispânico um apreço pelo grão-de-bico. Sejam secos e depois moídos para servir de farinha ou demolhados e cozidos em fogo brando, eles são um ótimo veículo eficiente para outros sabores. Assim como na salada de feijões (p. 220), eu grelho o grão-de-bico cozido na *plancha*. O sabor fica mais concentrado se eles são regados com um pouco do próprio caldo quente assim que entram na *plancha*. O caldo vai reduzir e glacear o grão-de-bico à medida que ele fica crocante. Sirva a salada quente, assim que ela sair da chapa.

Rende de 6 a 8 porções

2 xícaras (180 g) de grão-de-bico seco

Sal grosso

2 folhas de louro

6 dentes de alho grandes, sem casca

3 limões-sicilianos

Um punhado grande de folhas de manjericão fresco

Um punhado grande de folhas de salsinha fresca

½ xícara (120 ml) de azeite de oliva extravirgem, mais um pouco para a *plancha*

1½ colher (chá) de grãos inteiros de pimenta-do-reino preta, grosseiramente esmagados

2 colheres (sopa) de vinagre de vinho tinto

1 cebola-roxa, picada finamente

Deixe o grão-de-bico de molho em uma tigela grande cheia de água por, pelo menos, 12 horas ou de um dia para o outro.

Escorra e lave o grão-de-bico. Coloque-o em uma panela funda, encha com água suficiente para cobri-lo, tempere com sal a gosto e junte as folhas de louro e o alho. Leve para ferver em fogo alto e deixe cozinhar em um fervilhar suave em fogo baixo até ficar macio, por 30 minutos a uma hora, ou mais, dependendo de quão fresco ele esteja. Escorra bem, reservando cerca de ½ xícara (120 ml) do caldo, e espalhe o grão-de-bico sobre uma assadeira para secar.

Prepare um fogo médio-alto e aqueça a *plancha*. (Ou use uma chapa grande de ferro fundido, se estiver cozinhando dentro de casa.)

Enquanto isso, prepare o molho. Coloque os limões em uma panela, cubra com água e leve para ferver em fogo alto. Cozinhe por 2 minutos. Escorra e repita mais duas vezes o processo. Na terceira vez, deixe cozinhar por 30 minutos. Escorra e espere que esfriem. (Esse processo tira o amargor dos limões.) Corte-os em quatro e, com uma colher, raspe a polpa e o sumo em uma tigela pequena, descartando as sementes e as membranas. Usando uma faca afiada, raspe e descarte toda a parte branca, deixando apenas a parte amarela da casca. Rasgue a casca em pedaços de aproximadamente 2,5 cm.

Corte o manjericão em tiras e pique grosseiramente a salsinha e misture-os em uma tigela. Junte a polpa, o sumo e as tiras da casca do limão e, em seguida, acrescente o azeite e a pimenta-do-reino esmagada. Tempere a gosto com sal.

Pincele generosamente a *plancha* quente com azeite (se estiver cozinhando dentro de casa, aqueça a chapa em fogo médio-alto e depois pincele com azeite) e coloque o grão-de-bico, formando uma única camada, sem sobreposição. Regue com algumas colheradas do caldo reservado e grelhe apenas de um lado por 1 minuto ou 2, até dourar e ficar crocante na parte de baixo. Quando o grão-de-bico estiver pronto, tempere-o ainda na chapa com o vinagre e sal a gosto. Transfira o grão-de-bico para uma travessa, adicione a cebola e o molho e misture bem antes de servir.

FAINA EM QUATRO VERSÕES

Este pão chato de grão-de-bico é uma opção consagrada nas pizzarias da Argentina (e do Uruguai também). Ele geralmente é servido como entrada, enquanto você espera pela sua pizza. Nos velhos tempos, era comum que fosse preparado em uma assadeira redonda de cobre de um metro de diâmetro. O cobre é bom de se ter e bonito de se ver, mas também é possível obter excelentes resultados com uma assadeira de ferro fundido. Como acontece com a pizza, há todo um universo de coberturas que você pode servir com a sua *faina*. Costumo deixar a pizza de lado e fazer uma refeição apenas com a *faina*, acompanhada de *toppings* cheios de personalidade: escolha qualquer uma das minhas quatro combinações favoritas (receitas a seguir). E, como sempre, sinta-se à vontade para correr atrás dos seus próprios impulsos culinários.

Rende de 4 a 6 porções como entrada

PARA A *FAINA*

1 xícara (90 g) de farinha de grão-de-bico

1 xícara (240 ml) de água

2 colheres (sopa) de azeite de oliva extravirgem

2 colheres (sopa) de queijo parmesão ralado na hora

½ colher (chá) de sal fino

Pimenta-do-reino branca (como é de costume no Uruguai) ou preta, moída na hora

Azeite de oliva extravirgem

1 cebola-roxa pequena, cortada em fatias bem finas

Casca ralada de 1 limão-siciliano

Um punhado de folhas de orégano fresco

Para fazer a *faina*, coloque a farinha de grão-de-bico em uma tigela. Junte a água e o azeite e, em seguida, misture vigorosamente com um batedor até que não haja nenhum grumo. Acrescente o queijo e tempere a gosto com sal e pimenta. Reserve.

Coloque uma colher (chá) ou mais de azeite em uma frigideira ou chapa com borda de ferro fundido de 30 cm e pincele para revestir generosamente tanto a superfície quanto a borda. Aqueça o *horno*, ou um forno doméstico, a 230°C, e leve a chapa preparada ao forno por 10 minutos para preaquecê-la também.

Quando o forno estiver quente, bata novamente a massa. Usando luvas grossas, retire cuidadosamente a assadeira quente do forno, unte-a mais uma vez e despeje a massa, espalhando-a uniformemente para formar uma panqueca grande e fina. Asse por cerca de 15 minutos, até que a *faina* esteja firme e dourada por cima. Passe uma espátula por debaixo dela para soltar e deslize-a para uma tábua de servir.

Finalize com a cebola em fatias, as raspas de limão, o orégano e um fio de azeite. Ou escolha uma das variações (p. 226).

continua

VARIAÇÕES

FAINA COM CASTANHA-DE-CAJU, TANGERINA E MANJERICÃO

Uma mistura de texturas e sabores, esse é o tipo de combinação rebelde que me atrai.

½ xícara (70 g) de castanha-de-caju

1 colher (sopa) de azeite de oliva extravirgem

2 tangerinas

1 xícara (30 g) de folhas de manjericão fresco

⅓ de xícara (10 g) de folhas de salsinha fresca

¼ de xícara (60 ml) de óleo de girassol

Sal grosso e pimenta-do-reino preta moída na hora

Prepare a *faina* (conforme p. 225). Pique grosseiramente metade das castanhas-de-caju e reserve. Pique finamente a outra metade, coloque em um pilão com o azeite e amasse até obter uma pasta fina.

Com uma faca afiada, descasque as tangerinas, retirando inclusive a fibra branca, depois corte-as em gomos sobre uma tigela para não perder o sumo. Pique o manjericão e a salsinha e junte-os às tangerinas, assim como as castanhas-de-caju picadas e em pasta. Acrescente óleo de girassol e misture com um batedor. Tempere a gosto com sal e pimenta. Espalhe o molho sobre a *faina* e sirva o restante em uma tigela.

FAINA COM SALSINHA, ORÉGANO, ALHO E SEMENTES TOSTADAS

Pungência, notas herbais e uma textura crocante intensificam ainda mais o sabor da faina.

1 xícara (30 g) de folhas de salsinha fresca, picadas

½ xícara (15 g) de folhas de orégano fresco, picadas

1 dente de alho, espremido

2 colheres (sopa) de sementes de abóbora, tostadas

2 colheres (sopa) de sementes de girassol, tostadas

1 colher (sopa) de vinagre de vinho tinto

¼ de xícara (60 ml) de azeite de oliva extravirgem

½ xícara (120 ml) de óleo de girassol

Sal grosso

Pimenta-calabresa

Prepare a *faina* (conforme p. 225). Misture a salsinha e o orégano em uma tigela com o alho e as sementes tostadas. Acrescente o vinagre, o azeite e o óleo e, em seguida, o sal e a pimenta-calabresa a gosto. Espalhe sobre a *faina* e sirva.

FAINA COM COGUMELOS, ALHO E SALSINHA

A maioria das coberturas que funcionam na pizza geralmente vão bem com a *faina*.

230 g de cogumelos, sem o caule e cortados em fatias

3 colheres (sopa) de azeite de oliva extravirgem, mais um pouco para a *plancha*

1 dente de alho grande, picado finamente

½ xícara (15 g) de folhas de salsinha fresca, picadas

Sal grosso e pimenta-do-reino preta moída na hora

Prepare a *faina* (conforme p. 225). Coloque os cogumelos em uma tigela com o azeite, o alho e a salsinha e misture. Pincele uma *plancha* ou frigideira quente com azeite. Quando começar a chiar, despeje os cogumelos. Deixe até que eles comecem a dourar, por cerca de 3 minutos. Tempere a gosto com sal e pimenta e sirva sobre a *faina*.

LOCRO VEGANO
COM PÊSSEGOS SECOS

Ao longo dos flancos de toda a cordilheira dos Andes, povos indígenas de ambos os lados têm suas versões desta receita. Muitas culturas em todo o mundo marcam datas e feriados importantes compartilhando um prato tradicional. Nos Estados Unidos, é peru no Dia de Ação de Graças. Para os argentinos, é o *locro*, servido em 25 de maio, dia que marca o nascimento da nossa república. O *locro* é feito com abóbora, milho-branco e feijão. Existem, é claro, inúmeras variações desta receita ancestral, mas quase todas incluem os itens básicos da despensa indígena: milho, feijão, talvez alguns tomates e um pouco de pimenta para despertar o paladar. Embora o *locro* seja geralmente preparado com algum tipo de carne, acredito que você não vai sentir falta dela.

Rende de 6 a 8 porções

1 xícara (200 g) de milho-branco seco

1 xícara (200 g) de feijão-branco seco

1 xícara (200 g) de grão-de-bico seco

3 espigas de milho frescas

⅓ de xícara (80 ml) de azeite de oliva extravirgem

2 cebolas picadas

8 dentes de alho, amassados e sem a casca

¼ de xícara de extrato de tomate

1 abóbora-de-pescoço grande, sem casca, sem sementes e cortada em cubos de mais ou menos 4 cm

8 xícaras (2 litros) de caldo de legumes, mais um pouco, se necessário

3 folhas de louro

Sal grosso e pimenta-do-reino preta moída na hora

1 colher (chá) de pimenta-calabresa

2 colheres (sopa) de páprica doce

5 pêssegos secos, cortados em quatro

PARA O MOLHO

1 ou 2 maços de cebolinha

¾ de xícara (160 ml) de azeite de oliva extravirgem

1 colher (sopa) de páprica doce

15 g de pimentas frescas picantes, ou a gosto, cortadas em rodelas

1½ colher (sopa) de vinagre de vinho tinto, ou a gosto

Coloque o milho-branco, o feijão-branco e o grão-de-bico de molho de um dia para o outro em três tigelas separadas.

Tire a palha das espigas de milho e corte cada uma ao meio no sentido da largura. Retire os grãos de três metades e reserve em uma tigela. Corte as metades restantes em rodelas de 2,5 cm de espessura e reserve, junto com os grãos.

Prepare um fogo médio e coloque uma grelha sobre ele. Pegue uma panela grande e funda de ferro fundido, como um *caldero* ou uma caçarola, que tenha tampa. Coloque a panela sobre a grelha (ou leve ao fogão em fogo médio, se estiver cozinhando dentro de casa). Adicione ¼ de xícara do azeite, as cebolas e o alho ao *caldero* ou à caçarola e refogue, com a panela tampada, por alguns minutos, até amolecer, mas sem deixar dourar. Junte o extrato de tomate e refogue por cerca de 5 a 7 minutos mais, depois acrescente a abóbora e misture bem. Volte a tampar e cozinhe por cerca de 8 minutos ou até que a abóbora comece a ficar macia.

Tire a tampa e mexa, raspando qualquer pedaço que tenha grudado no fundo. Junte o

GRÃOS   227

milho-branco, o feijão-branco e o grão-de-bico escorridos. Coloque as rodelas e os grãos de milho e, em seguida, despeje o caldo — deve haver líquido suficiente para cobrir tudo; se não, adicione mais caldo. Acrescente o louro, tempere com sal a gosto e pimenta-do-reino, pimenta-calabresa e páprica. Mexa bem, tampe e cozinhe em fogo médio-baixo por cerca de 2 horas, em um fervilhar suave. Mexa bem o *locro* a cada 15 minutos, raspando o que estiver grudado no fundo para não queimar, ajustando o fogo, se necessário, e partindo a abóbora enquanto cozinha. Ela vai se desfazer aos poucos e se

incorporar ao líquido, virando uma base cremosa para os grãos. Cerca de 20 minutos antes de servir, adicione os pêssegos secos.

Para fazer o molho, separe as partes verdes da cebolinha, corte em rodelas finas e coloque em uma tigela pequena. Fatie finamente as partes brancas e reserve em outra tigela. Aqueça o azeite em uma frigideira em fogo médio, adicione a páprica e as pimentas frescas e refogue até começar a dourar levemente. Retire do fogo e misture o vinagre e as partes brancas da cebolinha. Sirva em tigelas individuais, com o molho por cima, e finalize com a parte verde da cebolinha.

MILANESA DE HOMUS COM TOMATE-CEREJA

Quando as pessoas pensam em comida argentina, provavelmente a primeira coisa que vem à cabeça delas é um bife encharcado de chimichurri. Mas, na verdade, o único prato que você encontra em qualquer restaurante ou bodega é a milanesa: uma costeleta de carne bovina empanada. Esta receita é uma versão vegana que se inspira na ideia da milanesa, com uma delicada crosta de homus sobre uma beringela grelhada. Assim como a uma clássica beringela à parmegiana, esta milanesa pede alguma acidez, dada pelos tomates. Uma salada de ervas variadas é um toque final leve, mas saboroso.

Rende 4 porções

PARA O HOMUS

2 dentes de alho, sem casca

2½ xícaras (420 g) de grão-de-bico escorrido, cozido ou em conserva

2 colheres (sopa) de sumo de limão-siciliano espremido na hora

½ colher (chá) de sal

¼ de xícara de tahine

2 a 3 colheres (sopa) de azeite de oliva extravirgem

1 beringela redonda

Azeite de oliva extravirgem

Sal grosso e pimenta-do-reino preta moída na hora

6 tomates-cereja, cortados ao meio

2 punhados grandes de ervas frescas, as folhas inteiras, como manjericão, salsinha, coentro e hortelã

Sumo de 1 limão-siciliano

Prepare um fogo médio e aqueça a *plancha*. (Ou use uma chapa grande de ferro fundido, se estiver cozinhando dentro do casa.)

Para fazer o homus, coloque o alho na tigela de um processador e bata usando a função pulsar até picá-lo. Acrescente o grão-de-bico, o sumo de limão, o sal e o tahine e bata novamente até misturar. Vá adicionando o azeite aos poucos, batendo na função pulsar até que a pasta esteja bem misturada, mas ainda rústica e (o mais importante) densa o suficiente para manter a forma. Reserve.

Corte 4 fatias iguais de beringela, de cerca de 1,25 cm de espessura. Seque-as e marque ligeiramente os dois lados com uma faca afiada. Pincele generosamente ambos os lados com azeite e tempere a gosto com sal e pimenta.

Forre uma assadeira com papel-manteiga. Pegue ¼ do homus, coloque-o sobre o papel e molde em um hambúrguer de cerca de 1,25 cm de espessura. Repita com o homus restante. Insira com cuidado 3 metades de tomate-cereja, com o lado cortado para cima, na parte superior de cada hambúrguer, pressionando nas laterais para que os hambúrgueres retomem a forma. Reserve.

Pincele generosamente a *plancha* quente com azeite (se estiver cozinhando dentro de casa, aqueça a chapa em fogo médio-alto e depois pincele com azeite). Quando o azeite começar a chiar, frite as fatias de beringela até dourar na parte de baixo, por cerca de 5 minutos. Pincele a parte de cima com azeite e vire para dourar do outro lado, por cerca de 3 minutos, adicionando mais azeite, se necessário. Elas devem estar completamente macias. Transfira-as para uma parte menos quente da *plancha,* para mantê-las aquecidas, ou para um prato grande, e cubra com papel-alumínio.

Unte novamente a *plancha* ou a chapa quente e tempere os tomates com sal. Usando uma espátula larga e fina, pegue um hambúrguer de homus e, em um movimento rápido, vire-o com o lado do tomate para baixo na *plancha* ou na chapa quente. Repita com os hambúrgueres restantes, dando bastante espaço entre eles. Frite-os sem mexer, até que os tomates estejam dourados e se forme uma crosta delicada na parte de baixo. Com duas espátulas largas (uma em cada mão), vire cuidadosamente os hambúrgueres para dourar do outro lado por cerca de 3 minutos. A qualquer momento durante o cozimento, sinta-se à vontade para adicionar um pouco mais de azeite à *plancha* ou à chapa se parecerem secas.

Enquanto isso, misture as ervas em uma tigela com o restante do sumo de limão.

À medida que as milanesas forem ficando prontas, retire-as cuidadosamente da *plancha* e coloque-as sobre as fatias de beringela. Finalize com as ervas temperadas e sirva imediatamente.

ABÓBORA E ABOBRINHA

ABÓBORA ASSADA INTEIRA NO *RESCOLDO* COM *SALSA CRIOLLA*   237

ABÓBORA ASSADA EM FATIAS COM *AJADA*   239

RODELAS DE ABÓBORA PÉROLA-NEGRA COM ABACATE   240

TIRAS DE ABÓBORA ASSADA COM ENDRO   241

ABÓBORA *A LA PLANCHA*   244

ABOBRINHA REDONDA *A LAS BRASAS*   247

O VELHO E A HORTA

Nossos vizinhos em Bariloche tinham uma bela casa que visitavam por um mês no verão e por algumas semanas durante a temporada de esqui. O caseiro — que cuidava do lugar o resto do tempo — era um jardineiro sisudo, que chamávamos de Don Pedro em sinal de respeito. No verão, ele começava a trabalhar na horta às cinco da manhã todos os dias, e não saía de lá até o calor e o sol ficarem muito intensos, por volta das dez. Don Pedro era uma dessas pessoas que conseguia sentir a vida nas coisas que crescem na terra e nutri-la. Seu ruibarbo era, como dizemos na Argentina, bárbaro (uma forma mais curta de dizer "absurdamente bom"). Ele cultivava lindas alfaces, cerejas carnudas, cenouras doces e framboesas inacreditáveis. Até hoje, nunca encontrei iguais. Mas se eu fechar meus olhos e evocar uma imagem dele, eu o vejo em sua plantação de abóboras no final do outono, quando as folhas verdes murchavam e tudo o que restava eram abóboras andinas de cores vivas.

"É preciso deixá-las ligadas à terra o máximo de tempo possível", me aconselhou ele, como se estivesse recitando algum texto sagrado de uma religião. "Até que a geada chegue, elas se nutrem do solo e o sabor delas se torna mais profundo e mais rico."

Isso é válido para muitas das abóboras de outono — abóbora-de-pescoço, Hubbard, pérola-negra e delicata. Quanto mais tempo você as deixa no pé antes de colher, mais elas desenvolvem açúcares que caramelizam lindamente em contato com o fogo. Assadas na brasa, essas abóboras ficam incrivelmente doces. Na *plancha* ou no *horno* — cortadas em meia-lua —, elas ficam crocantes e douradas. Sua textura irregular absorve os sabores da manteiga, do azeite, do vinagre, do limão. As ervas frescas se destacam como ilhas de sabor.

As abobrinhas são outra história. Elas devem ser colhidas assim que amadurecem, e ficam maravilhosas cruas ou caramelizadas na *plancha,* mas, neste capítulo, eu as preparo na brasa até ficarem suculentas e chamuscadas.

ABÓBORA ASSADA INTEIRA NO *RESCOLDO* COM *SALSA CRIOLLA*

Impregnada de um pouco de fumaça, a abóbora, quando assada no *rescoldo*, é intensamente doce, com uma textura suave na boca. Complementada com *salsa criolla* (um tempero que usamos quase tão frequentemente quanto o chimichurri), esta receita é como um duelo entre a extrema sensação de aconchego e doçura da abóbora, e as notas pungentes da cebola, do pimentão, das especiarias e do vinagre.

Rende 4 porções

1 abóbora-de-pescoço grande
SALSA CRIOLLA (receita a seguir)

Prepare o fogo e deixe o carvão queimar até formar uma cama de brasas, carvões e cinzas para o *rescoldo*. Se estiver cozinhando dentro de casa, preaqueça o forno a 200°C.

Enterre a abóbora nas brasas. Asse até que ela esteja macia o suficiente para ser perfurada de ponta a ponta com um espeto comprido de metal, por cerca de 1 hora. Quando estiver pronta, retire-a cuidadosamente das brasas com uma pinça comprida e reserve para esfriar. Se estiver cozinhando dentro de casa, coloque a abóbora em uma assadeira grande e leve ao forno por cerca de 1 hora, virando de vez em quando, até que ela esteja completamente macia.

Depois que esfriar, limpe todas as cinzas da abóbora e corte-a ao meio, no sentido do comprimento, com uma faca serrilhada afiada (como uma faca de pão). Retire e descarte todas as sementes e pedaços fibrosos e transfira as metades limpas para uma travessa, com o lado cortado para cima. Coloque um pouco de *salsa criolla* em cada cavidade e por cima e sirva o restante ao lado.

Salsa criolla

Este adorado molho fica mais suave ao ser temperado com *salmuera* fria.

Rende cerca de 3 xícaras (720 ml)

3 pimentões (1 vermelho, 1 amarelo, 1 verde)
3 tomates pequenos maduros, sem sementes e picados
1 cebola-roxa, picada
3 colheres (sopa) de vinagre de vinho tinto
1 xícara (240 ml) de azeite de oliva extravirgem

Sal grosso ou SALMUERA (p. 292)
Pimenta-do-reino preta moída na hora

Corte os pimentões ao meio e retire os talos, as sementes e a parte branca. Corte em tiras bem finas e depois pique-as. Coloque os pimentões em uma tigela junto com os tomates e a cebola e misture bem. Acrescente o vinagre, depois o azeite, e tempere a gosto com sal ou *salmuera* e pimenta-do-reino. Deixe descansar por cerca de 30 minutos, para infundir os sabores.

ABÓBORA E ABOBRINHA 237

ABÓBORA ASSADA EM FATIAS COM *AJADA*

Quando você assa a abóbora em fatias, expõe mais superfície da polpa ao calor para ser caramelizada. Provei pela primeira vez o molho *ajada*, à base de alho, em Sevilha, na Expo'92, a feira mundial de 1992. Os espanhóis costumam usá-lo para finalizar peixe cozido, despejando o molho avinagrado fervente sobre o peixe. Assim como muitos molhos, ele se entranha no alimento ao qual você o acrescenta; portanto, quando fizer um molho e provar para ajustá-lo, lembre-se de pensar em como será o sabor da sua abóbora. A *ajada* também fica muito boa com couve-flor ou batata.

Rende 4 porções

1 abóbora-de-pescoço (de cerca de 1 kg)
3 colheres (sopa) de azeite de oliva extravirgem
Sal grosso e pimenta-do-reino preta moída na hora

PARA A *AJADA*
¼ de xícara de azeite de oliva extravirgem
4 dentes de alho, em lâminas finas
1 colher (chá) de páprica doce
1½ colher (sopa) de vinagre de vinho tinto

Aqueça o *horno*, ou um forno doméstico, a 200°C.

Corte a abóbora ao meio no sentido do comprimento com uma faca serrilhada afiada (como uma faca de pão). Descarte as sementes e toda a parte fibrosa ao redor delas. Corte cada metade em fatias de tamanho uniforme de cerca de 4 cm de espessura no sentido do comprimento. Coloque metade do azeite em uma assadeira, adicione a abóbora e vire as fatias para recobrir bem. Regue com o azeite restante e tempere a gosto com sal e pimenta. Asse até dourar e ficar macia, cerca de 10 minutos de cada lado. Transfira para uma travessa.

Para fazer a *ajada*, aqueça o azeite e o alho em uma pequena frigideira de ferro fundido em fogo médio-baixo. Quando o alho começar a dourar (em cerca de 1 minuto), retire a frigideira do fogo e misture rapidamente a páprica e o vinagre. A mistura vai borbulhar e chiar na frigideira ainda quente. Despeje imediatamente a *ajada* sobre a abóbora e sirva.

RODELAS DE ABÓBORA PÉROLA-NEGRA COM ABACATE

Raramente vejo o abacate ser convidado para pratos com abóbora, mas ele funciona muito bem. A abóbora é doce, com sabor que lembra as castanhas. O abacate é macio e cremoso, muito mais sutil no paladar. Acrescente algumas ervas para dar contraste, algumas sementes para dar textura, e sumo de limão para dar acidez, e essa nova amizade vai deixar você encantado.

Rende 6 porções

3 abóboras pérola-negra médias (de cerca de 450 g cada)

½ xícara (120 ml) de azeite de oliva extravirgem

3 limões-sicilianos

3 avocados

Flor de sal e pimenta-do-reino preta moída na hora

¼ de xícara de sementes de girassol, tostadas

Um punhado de folhas de orégano fresco

Aqueça o *horno*, ou um forno doméstico, a 190°C.

Corte a abóbora com casca no sentido da largura em rodelas de cerca de 1,25 cm de espessura e descarte as sementes, as fibras e as pontas. Eles ficam um pouco irregulares em termos de diâmetro, mas não há problema.

Unte generosamente uma ou mais assadeiras com azeite e coloque as rodelas sem sobrepô-las. Pincele ligeiramente a parte de cima delas com um pouco de azeite. Asse por cerca de 20 minutos, virando uma vez, até estar dourado por fora e cremoso por dentro.

Enquanto isso, rale a casca de 1 limão-siciliano e reserve. Esprema o sumo do limão raspado em uma tigela pequena. Corte os 2 limões restantes em gomos.

Corte os abacates ao meio, retire o caroço e a casca e cubra bem a polpa exposta com o sumo de limão, para que não escureçam.

Quando a abóbora estiver pronta, use uma espátula de metal larga para transferir delicadamente as rodelas para uma travessa grande e larga. Espalhe as metades de abacate por entre a abóbora. Coloque as raspas de limão por cima, tempere a gosto com flor de sal e pimenta e espalhe as sementes de girassol e o orégano por cima de tudo. Sirva com o limão em gomos ao lado.

TIRAS DE ABÓBORA ASSADAS COM ENDRO

Os sabores da infância nos acompanham pela vida inteira. Eu adoro endro desde bem pequeno, quando ia à casa de Ruth e Alfred von Ellrichshausen (ver p. 111). Ruth era uma cozinheira maravilhosa, que comandava um charmoso restaurante às margens do lago Nahuel Huapi. Ela era o tipo que guardava seus segredos culinários a sete chaves, mas, prestando bastante atenção no que ela servia, aprendi minhas primeiras lições na arte de cozinhar e de criar a atmosfera certa em um restaurante. Como muitos europeus do norte, ela gostava muito de endro e, desde então, passei a usá-lo também.

Rende de 4 a 6 porções

1 abóbora-moranga (de cerca de 1 kg)
⅔ de xícara (160 ml) de azeite de oliva extravirgem
Sal grosso e pimenta-do-reino preta moída na hora
Um punhado grande de ramos de endro, rasgados grosseiramente

Aqueça o *horno*, ou um forno doméstico, a 190°C.
　Corte a abóbora ao meio e depois em quatro; não tire a casca. Corte os quartos em fatias o mais finas possíveis. Pincele-as com um pouco de azeite.
　Pincele uma assadeira grande com um pouco de azeite e arrume as fatias sobre a assadeira sem sobrepô-las. Pincele-as novamente com azeite, tempere com sal a gosto e pimenta e asse por 15 minutos ou mais, dependendo da espessura dos pedaços, até estarem dourados e macios. Usando uma espátula fina, transfira-as para uma travessa e empurre-as delicadamente com os dedos, para formar ondulações. Ajuste o tempero, espalhe endro fresco por cima e sirva.

ABÓBORA E ABOBRINHA　241

ABÓBORA *A LA PLANCHA*

Adoro entrar em um típico *diner* ou café nos Estados Unidos para tomar um café da manhã com ovos, bacon e um pouco de batata frita da casa. Essa forma de preparar a abóbora me faz lembrar disso: cubos assados na chapa até ficarem macios por dentro e dourados por fora, de todos os lados. O prazer extra que a abóbora proporciona é a doçura caramelizada das partes mais tostadas. O toque de tomilho lança um aroma que nos convida a atacar o prato.

Rende de 4 a 6 porções

1 abóbora de inverno, como abóbora-de-pescoço ou abóbora-japonesa (de cerca de 1 kg), sem casca e cortada em cubos de 2,5 cm

3 colheres (sopa) de azeite de oliva extravirgem, mais um pouco, se necessário

3 colheres (sopa) de folhas de tomilho fresco

Sal grosso e pimenta-do-reino preta moída na hora

3 dentes de alho, espremidos

½ xícara (120 ml) de creme de leite fresco

Um maço grande de cebolinha, apenas a parte verde, cortada na diagonal

Prepare um fogo médio e aqueça a *plancha*. Se estiver cozinhando dentro de casa, aqueça uma chapa grande de ferro fundido em fogo médio.

Coloque os cubos de abóbora em uma assadeira com 2 colheres (sopa) de azeite.

Pincele a *plancha* ou a chapa quente com a colher (sopa) restante de azeite. Quando o azeite começar a chiar, espalhe os cubos de abóbora pela superfície quente sem sobrepô-los, trabalhando em levas e adicionando mais azeite, se necessário. Cozinhe a abóbora até ficar dourada e crocante na parte de baixo, por cerca de 3 minutos, depois vire e cozinhe até dourar de cada um dos lados, por cerca de 5 minutos.

Despeje 1 ou 2 colheres (sopa) de água, raspando rapidamente quaisquer pedaços dourados com uma espátula em direção ao centro da *plancha*. Deixe cozinhar até a abóbora ficar macia, mais 5 a 10 minutos, dependendo da abóbora.

Tempere a abóbora com o tomilho, sal e pimenta a gosto, depois acrescente o alho e o creme de leite e vá raspando à medida que engrossar e começar a formar um molho. Usando duas espátulas largas, transfira a mistura para uma travessa, raspando o creme reduzido junto com a abóbora. Espalhe a cebolinha por cima e sirva quente.

ABOBRINHA REDONDA *A LAS BRASAS*

A abobrinha redonda fica muito boa assada *a las brasas* (ou seja, diretamente na brasa). É importante que essas abobrinhas sejam de tamanho médio. As pequenas vão queimar, e as grandes contêm tanta água que o resultado pode ser insosso. Mas as médias ficam lindamente chamuscadas, perfeitamente cozidas, com notas de defumado. Você também pode usar a abobrinha comum se ela for resistente o suficiente para suportar as brasas.

Rende 6 porções

6 abobrinhas redondas

Um punhado de folhas de hortelã fresca

Cerca de 5 colheres (sopa) de azeite de oliva extravirgem

1 colher (sopa) de vinagre de vinho tinto

Flor de sal e pimenta-do-reino preta moída na hora

2 limões-sicilianos, cortados em gomos, para servir

Prepare o fogo e deixe o carvão queimar até formar uma cama de brasas, carvões e cinzas para o *rescoldo*.

Usando pinças compridas, coloque as abobrinhas diretamente sobre as brasas. Deixe assar, virando de vez em quando, até que a casca fique bem chamuscada e as abobrinhas estejam macias e suculentas quando perfuradas com um espeto comprido, por 7 a 10 minutos no total, dependendo do tamanho. Retire-as com a pinça e reserve-as até que estejam frias para serem manuseadas, então limpe as cinzas com papel-toalha.

Corte cada abobrinha em quatro e arrume-as em uma travessa rasa. Espalhe a hortelã por cima e tempere levemente com o azeite, o vinagre, a flor de sal e a pimenta. Sirva com o limão cortado em gomos ao lado.

FRUTAS

UVAS GRELHADAS COM QUEIJO DERRETIDO 253

GALETTES DE FRUTAS COM CAROÇO 254

MORANGOS ASSADOS COM RICOTA E HORTELÃ 257

BIZCOCHUELO GRELHADO COM MORANGOS
ASSADOS E SORVETE 259

PÊSSEGOS, AMEIXAS E QUEIJO *A LA PLANCHA* 263

TORANJA CHAMUSCADA COM MASCARPONE
E GRANITA DE CAMPARI 265

CEREJAS TOSTADAS COM SORVETE 266

SALADA DE MELANCIA COM ERVAS, AVELÃS TOSTADAS
E PIMENTA-DO-REINO 271

ABACAXI ASSADO COM MIRTILOS 272

PERAS ASSADAS NO SAL COM CALDA DE ANIS-ESTRELADO 275

DOCE E ARDENTE

Há poucas coisas que se pode dizer que são válidas para qualquer criança, em qualquer lugar da história, mas ainda estou para conhecer uma que vai recusar um convite para colher e devorar uma fruta madura.
Isso vale para a criança que permanece viva dentro de cada um de nós. É uma das alegrias incomparáveis do verão poder colher uma uva da videira, um mirtilo do arbusto ou um pêssego do galho de uma árvore carregada de roliças esferas amarelas: seu rubor rosado me lembra uma jovem passando uma pincelada de blush antes de sair à noite. Quando maduros, todos os frutos atingem um equilíbrio perfeito entre doçura e acidez.

    O fogo transforma a fruta de um modo especial; os açúcares na parte que entra em contato direto com o calor caramelizam, e até mesmo queimam em alguns pontos. Os dois efeitos podem ser deliciosos. Logo abaixo dessa primeira camada, o sabor frutado da polpa se intensifica. Sempre que promovo o encontro das frutas com o calor ardente — seja assando, grelhando ou ensopando —, fico encantado com todas as variações de sabor e textura que ocorrem nessa comunhão. Eu sou louco por doces. Mas você também é.

250   FOGO VERDE

UVAS GRELHADAS COM QUEIJO DERRETIDO

Seja servido como aperitivo ou como sobremesa, poucas combinações são mais charmosas em um jantar ao ar livre do que um cacho de uvas, escovado e polido pelo fogo e acompanhado de um queijo que você derreteu momentos antes de servir. Como acontece com os vinhos elaborados com diferentes castas, os sabores das uvas variam, o que lhe dá a oportunidade de incorporar o sommelier e descobrir uma harmonização que equilibre a doçura da fruta com o sabor do queijo. Gosto de usar o tetilla, um queijo espanhol da região da Galícia, mas você pode usar o comté ou similar.

Rende 6 porções

8 colheres (sopa) (115 g) de manteiga sem sal, cortada em cubos de 2,5 cm

1 xícara (200 g) de açúcar

1 kg de uvas tintas, em cachos grandes

450 g de queijo para derreter, como tetilla ou comté

1 baguete, em fatias

Prepare um fogo médio e aqueça a *plancha*. Se cozinhar dentro de casa, aqueça uma frigideira de ferro fundido ou chapa em fogo médio.

Adicione a manteiga à *plancha* ou à frigideira quente. Quando a manteiga derreter, acrescente o açúcar. Role as uvas pela mistura para recobri-las e deixe-as cozinhar por alguns minutos, para caramelizar em alguns pontos. Retire-as antes que queimem.

Em paralelo, coloque o queijo em uma área separada da *plancha* ou em uma segunda frigideira e, à medida que for derretendo, passe-o nas fatias de pão e coma com as uvas.

GALETTES DE FRUTAS COM CAROÇO

Quando está na época de pêssegos, ameixas, damascos e nectarinas, adoro queimá-los um pouco antes de assar. Em vez da habitual massa amanteigada da *galette*, estas *minigalettes* são feitas com uma massa de pão saborosa, que absorve todo o sumo da fruta.

Nota: Prepare a massa um dia antes e guarde na geladeira.

Rende 6 porções

PARA A MASSA

1¼ colher (chá) de fermento biológico seco

Cerca de 1¼ de xícara (300 ml) de água morna

4 xícaras (cerca de 500 g) de farinha de trigo, peneirada, mais um pouco para polvilhar

1½ colher (chá) de sal fino

1 colher (sopa) e mais 2 colheres (chá) de óleo de girassol, mais um pouco para a frigideira

9 nectarinas, pêssegos ou ameixas, ou uma combinação deles, cortados ao meio e sem caroço

¾ xícara (150 g) de açúcar

4 colheres (sopa) de manteiga sem sal, cortada em cubinhos (opcional)

Óleo, para a frigideira

Folhas de erva-cidreira fresca, para finalizar

Para fazer a massa, dissolva o fermento em 1 xícara (240 ml) da água morna. Coloque a farinha e o sal na tigela de uma batedeira com o batedor de pá e misture em velocidade baixa. Aos poucos, adicione a mistura de fermento e o óleo e bata até a massa ficar homogênea, acrescentando mais água conforme necessário, uma colher de cada vez. Mude para o batedor de gancho e bata em velocidade média por cerca de 5 minutos, até que a massa fique novamente homogênea.

Divida-a em seis porções, forme bolas e embrulhe-as em papel-filme. Leve à geladeira de um dia para o outro.

Aqueça o *horno*, ou um forno doméstico, a 190°C.

Coloque as frutas cortadas ao meio em uma tigela, acrescente o açúcar e misture delicadamente. Aqueça uma ou mais frigideiras raiadas grandes de ferro fundido em fogo médio-alto até que uma gota de água chie na superfície. Trabalhando em levas, espalhe as frutas pela chapa quente, com o lado cortado para baixo, sem encher demais, e deixe por cerca de 3 minutos ou até dourar. Vire e doure do outro lado, acrescentando pedaços de manteiga ao redor da fruta, se desejar, e tomando cuidado para retirar a fruta enquanto ainda estiver firme o suficiente para não desmanchar. Reserve e deixe esfriar.

Pincele uma assadeira com óleo. Polvilhe uma superfície com farinha e abra as bolas de massa em discos de 3 mm de espessura. Trabalhando com um disco de cada vez, coloque três pedaços de frutas no centro e puxe a massa exposta em direção à fruta, deixando uma parte descoberta no centro e formando pregas na borda à medida que avança. Transfira para a assadeira. Repita o processo com a massa e as frutas restantes.

Asse as *galettes* por cerca de 20 minutos, até ficarem douradas. Finalize com a erva-cidreira.

MORANGOS ASSADOS COM RICOTA E HORTELÃ

Morangos têm uma grande afinidade com laticínios. Os ingleses adoram comer morangos e creme enquanto assistem aos tenistas competirem em Wimbledon. A torta de morango com chantili é um clássico das sobremesas norte-americanas. Os países do Leste Europeu preparam *blintzes* com morangos e queijo fresco. Nesta sobremesa suntuosa, eu caramelizo o açúcar, a manteiga e os morangos, coloco essa mistura sobre uma porção de ricota e finalizo com hortelã fresca.

Rende 6 porções

450 g de morangos maduros

½ xícara (100 g) de açúcar

4 colheres (sopa) de manteiga gelada sem sal, cortada em 6 pedaços

1½ xícara (300 g) de ricota

Um punhado de folhas de hortelã fresca

Prepare um fogo médio-alto e coloque uma grelha sobre ele.

Tire os cabos dos morangos e coloque-os em uma tigela. Se estiverem grandes, corte-os ao meio no sentido do comprimento. Adicione o açúcar e misture delicadamente para recobrir completamente os morangos.

Despeje as frutas em uma frigideira de ferro fundido de 23 cm ou 25 cm e espalhe os pedaços de manteiga. Leve a frigideira à grelha (ou ao fogão, em fogo médio) e cozinhe até que o açúcar derreta e o morango comece a caramelizar, por 3 a 4 minutos. Mexa de vez em quando, conforme a manteiga derrete em meio ao açúcar caramelizado e às frutas, formando uma calda. Retire a frigideira do fogo e coe a calda em uma tigela, deixando as frutas na frigideira quente. Retorne com a frigideira para o fogo para dourar as frutas por 1 minuto ou mais.

Coloque a ricota em uma travessa e espalhe os morangos assados por cima. Finalize com a hortelã e sirva a calda quente ao lado.

BIZCOCHUELO GRELHADO COM MORANGOS ASSADOS E SORVETE

O *bizcochuelo* é um pão de ló simples mergulhado rapidamente em calda de açúcar, grelhado na manteiga e servido com uma bola de sorvete de baunilha. Um toque final de morangos assados proporciona o equilíbrio certo entre doçura e acidez, para agregar todos os sabores.

Rende 8 porções

PARA O *BIZCOCHUELO*

Manteiga e farinha, para a assadeira

4 ovos, em temperatura ambiente

¾ xícara (150 g) de açúcar

1 colher (chá) de sal fino

1 colher (chá) de extrato de baunilha

150 g de farinha de trigo com baixo teor de glúten, peneirada

Óleo vegetal, para a *plancha*

1½ xícara (360 ml) de XAROPE SIMPLES (p. 299)

8 colheres (sopa) (115 g) de manteiga sem sal, em temperatura ambiente

½ xícara (100 g) de açúcar

MORANGOS ASSADOS (p. 257)

4 xícaras (950 ml) de sorvete de baunilha (caseiro ou industrializado)

Para fazer o *bizcochuelo*, aqueça o *horno*, ou um forno doméstico, a 180°C.

Unte e enfarinhe uma fôrma quadrada de 20 cm. Forre com um pedaço de papel-manteiga do tamanho exato do fundo e unte e enfarinhe o papel-manteiga.

Quebre os ovos na tigela de uma batedeira com o batedor em globo e acrescente o açúcar e o sal. Bata em velocidade alta até dobrar de volume. Adicione a baunilha e mexa até que a mistura forme um fio quando o batedor for levantado. Retire a tigela da batedeira e, usando uma espátula de silicone, incorpore delicada e completamente a farinha peneirada em três levas. Despeje a massa na fôrma preparada e asse por 20 a 25 minutos, até que a parte de cima esteja dourada e um palito inserido no centro saia limpo. Coloque a fôrma sobre uma grade e deixe esfriar por cerca de 10 minutos ainda na fôrma, depois desenforme sobre a grade e espere esfriar por completo.

Prepare um fogo médio-alto e aqueça a *plancha*. (Ou use uma chapa grande de ferro fundido, se estiver cozinhando dentro de casa.)

Corte o bolo em quatro e cada quarto em fatias de 2,5 cm de espessura. Coloque as fatias em uma assadeira.

Despeje o xarope simples em uma tigela larga e rasa e, usando uma pinça, mergulhe rapidamente cada fatia na calda e coloque-a de volta na assadeira. Não deixe que absorvam calda demais,

continua

FRUTAS   259

caso contrário, irão se desmanchar. Corte metade da manteiga em pedaços pequenos e passe delicadamente pelas laterais dos pedaços de bolo, depois polvilhe com açúcar. Reserve.

Aqueça os morangos assados.

Unte a *plancha* quente ou a chapa em fogo médio-alto. Coloque o bolo, com o lado da manteiga para baixo, sobre uma superfície quente e deixe até dourar bem, por cerca de 2 minutos. À medida que carameliza, coloque mais manteiga ao redor, para não queimar. Vire e repita do outro lado, espalhando mais manteiga, conforme necessário.

Para servir, coloque quatro fatias de bolo em um prato. Cubra duas delas com o sorvete e os morangos assados, e coloque as outras fatias por cima. Sirva imediatamente, enquanto as frutas estiverem quentes e antes que o sorvete derreta.

SORVETE DE BAUNILHA COM AZEITE E SAL MARINHO

Alguns anos atrás, Andrew Schlesinger, um dos meus alunos mais talentosos (e também empresário de enorme sucesso), estava viajando pela Itália quando teve a ideia de temperar seu sorvete com sal marinho e azeite fresco prensado a frio. Esses dois ingredientes trazem à tona a untuosidade e a salinidade que muitas vezes são mascaradas pela doçura avassaladora do sorvete. É sempre maravilhoso ver como alguns ingredientes simples — nesse caso, salgados — podem revelar nuances em algo tão clássico como um sorvete de baunilha.

Rende 4 porções

4 xícaras (950 ml) de sorvete de baunilha

4 colheres (chá) (20 ml) de azeite de oliva extravirgem

Flor de sal

Divida o sorvete em quatro tigelas de servir. Acrescente 1 colher (chá) de azeite sobre cada um e finalize com flor de sal a gosto.

PÊSSEGOS, AMEIXAS E QUEIJO *A LA PLANCHA*

À medida que as ameixas cozinham, elas se desmancham, formando uma calda grossa. Os pêssegos desenvolvem uma casquinha encantadora. Você quer um queijo que fique tostado por fora e permaneça bem macio por dentro. Experimente com seu queijo semiduro preferido e veja o que acontece. Tive sucesso com queijos de cabra semiduros, mas também com gouda, cantal e raclette.

Rende 4 porções

2 pêssegos, cortados ao meio e sem caroço

2 ameixas, cortadas ao meio e sem caroço

2 colheres (sopa) de açúcar

¼ de xícara de azeite de oliva extravirgem

4 colheres (sopa) de manteiga sem sal, cortada em cubinhos

230 g de queijo semiduro para derreter, cortado em fatias de 1,25 cm de espessura

Prepare um fogo médio-alto e aqueça a *plancha*. Se estiver cozinhando dentro de casa, aqueça uma chapa grande de ferro fundido em fogo médio-alto.

Polvilhe o lado cortado dos pêssegos e das ameixas com o açúcar. Pincele a *plancha* ou a chapa quente com um pouco de azeite e, em seguida, derreta a manteiga. Coloque as frutas com o lado cortado para baixo e deixe até dourar na parte de baixo e começar a amolecer um pouco, por cerca de 3 minutos. Transfira as frutas para a borda da *plancha* para mantê-las aquecidas. Se estiver cozinhando dentro de casa, retire a chapa do fogo — o calor retido irá mantê-la quente.

Ajuste o fogo (ou o fogão) para alto para grelhar o queijo. Regue a *plancha* ou outra chapa com mais azeite e espalhe as fatias de queijo. Grelhe sem mexer, até o queijo formar uma crosta acobreada na parte de baixo, por cerca de 1 minuto.

Com uma espátula de metal larga e fina, raspe com cuidado e vire as fatias de queijo para dourá-las do outro lado. (Se o queijo já estiver derretido, não será necessário virá-las.) Quando formar uma crosta na parte de baixo, transfira-as para uma travessa e coloque a fruta quente e seus sumos ao redor. Sirva imediatamente.

TORANJA CHAMUSCADA COM MASCARPONE E GRANITA DE CAMPARI

O River Café, em Londres, era o meu lar gastronômico sempre que eu ia à Inglaterra. A parceria de Rose Gray e Ruth Rogers foi uma fonte constante de ideias deliciosas e de elegância moderna e simples. Elas costumavam fazer uma granita de toranja que era excelente para limpar o paladar. Aqui, como em outros lugares, a toranja não consegue decidir se quer ser doce ou amarga. O Campari, da mesma forma, combina esses dois sabores fundamentais e díspares. Uma colherada de mascarpone serve como um unificador cremoso. Esse sabor toma conta de mim como um sopro do Paraíso em meio a um sonho.

Rende 6 porções

PARA A GRANITA

¾ xícara (150 g) de açúcar

Cerca de ½ xícara (120 ml) de água

4 xícaras (960 ml) de sumo de toranja espremido na hora

½ xícara (120 ml) de Campari

6 toranjas

1 xícara (200 g) de açúcar

225 g de mascarpone, ou mais, se desejar

Para fazer a granita, misture o açúcar e a água em uma panela pequena. Leve ao fogo médio e cozinhe por 5 minutos. Deve ficar claro e viscoso. Retire do fogo e deixe esfriar.

Em uma tigela, misture o sumo de toranja e o Campari. Acrescente a calda resfriada e despeje em um recipiente que possa ir ao freezer, de preferência de metal. A mistura deve ficar com cerca de 2,5 cm de altura. Se for preciso, você pode usar dois recipientes. Cubra com papel-filme. Leve ao freezer até que a granita esteja congelada uniformemente, raspando as bordas congeladas em direção ao centro com um garfo a cada 30 minutos, dando à granita uma aparência cristalizada. Deve demorar cerca de 2 horas, dependendo do seu freezer.

Aqueça o *horno*, ou um forno doméstico, a 245°C.

Apare as pontas das toranjas com uma faca afiada. Em seguida, descasque-as, incluindo a parte branca, para expor a polpa.

Coloque o açúcar em uma tigela, adicione as toranjas inteiras e role-as no açúcar para recobri--las. Coloque-as em uma assadeira e asse por 5 a 10 minutos, até que o açúcar esteja caramelizado. Deixe esfriar.

Sirva as toranjas à temperatura ambiente, acompanhadas da granita e do mascarpone.

CEREJAS TOSTADAS COM SORVETE

Esta receita é metade performance artística, metade sobremesa. Gosto de prepará-la, de comê-la e, acima de tudo, de ver a cara de espanto dos convidados enquanto coloco uma frigideira de ferro fundido quente sobre uma tigela cheia de sorvete coberta com cerejas polvilhadas com açúcar. Todo mundo prende a respiração enquanto eu empunho o ferro quente. A hesitação dá lugar a sorrisos quando as nuvens doces de açúcar queimado, as cerejas maduras chamuscadas e as notas de baunilha do sorvete se encontram. Poucas coisas são certas nesta vida — o impacto desta sobremesa é uma delas.

Use pegadores de panela!

Rende 6 porções

950 ml de sorvete de baunilha

280 g de cerejas, cortadas ao meio e sem caroço

4 colheres (sopa) de açúcar, mais um pouco, se necessário

Um punhado de folhas de hortelã fresca, para finalizar

Com pelo menos 8 horas de antecedência, transfira o sorvete para uma tigela refratária ou outro recipiente de 1 litro que possa congelar, tampe e leve ao freezer.

Meia hora antes de servir, retire a tigela de sorvete do freezer para que amoleça um pouco. Misture as cerejas com 2 colheres (sopa) de açúcar em uma tigela, para macerar. Prepare um fogo médio-alto, coloque uma grelha sobre ele e aqueça uma frigideira de ferro fundido. Se estiver cozinhando dentro de casa, aqueça-a no fogão em fogo médio-alto.

Espalhe as cerejas em uma única camada por cima do sorvete e polvilhe uniformemente com as 2 colheres (sopa) de açúcar restantes. Usando um pegador de panela resistente, posicione a frigideira quente sobre as cerejas e abaixe-a sobre elas por cerca de 10 segundos, ou até que o açúcar derreta e caramelize as cerejas. Coloque a panela quente de lado. As cerejas caramelizadas vão derreter no sorvete e amolecê-lo o suficiente para ele seja servido em tigelas individuais. Decore com hortelã.

SALADA DE MELANCIA COM ERVAS, AVELÃS TOSTADAS E PIMENTA-DO-REINO

Este prato é uma sobremesa com toques de entrada. A melancia domina o visual, mas não se sobrepõe. É fresca e doce, e fica feliz em brincar com a hortelã e/ou qualquer outra erva que lhe agrade. Eu também acrescento um pouco de queijo e castanhas.

Rende 6 porções

1 melancia de 2,3 kg

Um punhado grande de rúcula

Um punhado grande de hortelã fresca

Um punhado grande de erva-cidreira ou outra erva

115 g de queijo em lascas, como pecorino jovem ou queijo de cabra maturado

½ xícara (115 g) de avelãs tostadas (p. 297)

Azeite de oliva extravirgem

Sumo de 2 limões-sicilianos

Flor de sal

Grãos de pimenta-do-reino preta esmagados

Usando uma colher grande ou uma de sorvete, retire colheradas da polpa da melancia e arrume em uma travessa grande. Espalhe a rúcula, a hortelã, a erva-cidreira, o queijo e as avelãs em volta. Regue levemente com o azeite e o sumo de limão e tempere a gosto com flor de sal e pimenta-do-reino esmagada.

ABACAXI ASSADO COM MIRTILOS

Frutas são tão delicadas que raramente se beneficiam de um cozimento longo. Mas o abacaxi — assim como uma bela costela — pode cozinhar por muito tempo. Quando os asso em um domo (ver p. 149), eu os deixo pendurados por horas, mas você também pode prepará-los na grelha, como eu faço aqui, e obter resultados sensacionais em menos tempo. Pense em um vinho jovem em comparação a um Borgonha envelhecido: ambos têm suas virtudes, mas com diferentes investimentos de tempo.

Rende 6 porções

2 xícaras (480 ml) de água

2 xícaras (400 g) de açúcar

1 abacaxi maduro

1 colher (sopa) de óleo vegetal, mais um pouco, se necessário

3 xícaras (435 g) de mirtilos

3 xícaras (720 ml) de sorvete de baunilha

Prepare um fogo médio e coloque uma grelha sobre ele. Se estiver cozinhando dentro de casa, preaqueça o forno a 190°C.

Enquanto isso, prepare uma calda. Despeje a água em uma panela e acrescente o açúcar. Leve ao fogo médio e deixe cozinhar, mexendo de vez em quando, até que o açúcar se dissolva. Despeje em uma assadeira funda, na qual o abacaxi caberá inteiro.

Apare o fundo e as laterais do abacaxi e retire a casca e os resíduos dela. Coloque-o na calda quente e vire, para recobrir todos os lados.

Se estiver cozinhando ao ar livre, pincele a grelha com óleo. Coloque o abacaxi de lado e grelhe até ficar bem caramelizado, por cerca de 15 minutos. Pegue-o com uma pinça, mergulhe-o na calda para encharcá-lo completamente e o leve de volta à grelha para dourar mais um lado. Repita o processo por pelo menos uma hora, mergulhando o abacaxi na calda a cada 15 minutos e o levando de volta à grelha até dourar todos os lados e o abacaxi estar macio. Você deve conseguir atravessá-lo com um espeto de bambu de uma ponta à outra quando ele estiver pronto (haverá apenas uma leve resistência no centro).

Se estiver cozinhando dentro de casa, coloque-o de lado em uma assadeira e leve-o ao forno. A cada 15 minutos, retire e role-o na calda para recobri-lo. Quando estiver macio e bem suculento, mas ainda mantendo a forma, transfira-o para uma tábua para descansar por 5 minutos antes de servir.

Para servir, divida os mirtilos em seis pratos. Esmague metade deles com as costas de um garfo, deixando os demais inteiros, e cubra cada porção com uma bola de sorvete. Com uma faca serrilhada comprida (como uma faca de pão), corte o abacaxi em rodelas grossas e coloque uma rodela de pé sobre cada porção de sorvete.

PERAS ASSADAS NO SAL COM CALDA DE ANIS-ESTRELADO

Eu faço esta receita desde os meus primeiros dias de cozinha profissional com fogo. Apesar de as peras serem assadas no sal, elas não ficam muito salgadas — apenas o suficiente para contrabalançar a doçura da fruta cozida. As pessoas adoram ver montes de sal sem saber bem o que esperar até que você quebra a crosta e o perfume irresistível das peras assadas é liberado. Você pode servi-las sozinhas ou acompanhadas de camembert ou outro queijo macio curado.

Rende 4 porções

PARA A CALDA

2 xícaras (480 ml) de água

1 xícara (200 g) de açúcar

1 colher (chá) de bagas de cardamomo

1 colher (chá) de sementes de coentro

1 tira de casca de laranja

1 tira de casca de limão-siciliano

3 anis-estrelados

1 pau de canela

1,5 kg de sal grosso

4 peras Bosc, grandes e maduras

Um dia antes de servir, prepare a calda. Despeje a água e o açúcar em uma panela pequena e aqueça em fogo médio. Quando o açúcar estiver dissolvido, retire a panela do fogo e acrescente o cardamomo, as sementes de coentro, as cascas de laranja e de limão, os anis-estrelados e a canela. Deixe em infusão por 24 horas.

No dia seguinte, aqueça o *horno*, ou um forno doméstico, a 220°C.

Despeje o sal em uma tigela grande. Adicione a água aos poucos, uma xícara por vez, misturando-a ao sal com as mãos até atingir a consistência de neve úmida.

Faça uma cama de sal úmido no fundo de uma assadeira pequena. Arrume as peras a cerca de 4,5 cm de distância umas das outras e cubra-as completamente com o sal restante, fazendo montinhos entre e ao redor delas e deixando apenas os cabos expostos, para que você saiba onde elas estão. Asse por 45 minutos.

Cubra uma superfície resistente ao calor com jornal. Retire a assadeira do forno e coloque-a sobre o jornal. Quebre delicadamente a crosta de sal com um rolo de massa, tomando cuidado para não esmagar as peras. Usando uma colher comprida, retire e descarte os pedaços maiores de sal. À medida que as peras forem ficando expostas, retire o sal restante com um pincel de confeitaria.

Enquanto isso, aqueça a calda em fogo médio-baixo.

Corte as peras ao meio e sirva em tigelas individuais, cobertas com uma colherada de calda e com o restante da calda à parte.

COQUETÉIS

PISCO *SOUR* COM LIMÃO CHAMUSCADO 281

GIM-TÔNICA COM LIMÃO CHAMUSCADO E PEPINO 282

BOURBON *SOUR* COM CEREJA CHAMUSCADA 283

COQUETEL DE CÍTRICOS E ROMÃ 285

NEGRONI COM LARANJA CHAMUSCADA 285

SLUSH DE PAPAIA 286

MOJITO COM HORTELÃ CHAMUSCADA 287

BATISMO DE FOGO

Coquetéis são para momentos de lazer. Eles marcam uma espécie de fronteira entre as preocupações do dia e o tempo para refrescar a cabeça depois da labuta. Tenho regras muito específicas sobre como tomar meus drinques. Gosto especialmente de saboreá-los na atmosfera coletiva de um bar, ao som do gelo na coqueteleira, como se fossem chocalhos. A precisão com que um barman habilidoso prepara uma bebida para encher a taça até a borda, nem *uma* gota a mais nem a menos. A forma como os óleos espirram delicadamente da casca do limão e boiam na superfície do líquido. A vista do espelho atrás do balcão, no qual seu reflexo pode lhe fazer companhia. As palavras trocadas em voz baixa por um casal apaixonado, olhando profundamente nos olhos um do outro e falando como se estivessem sozinhos, sem perceber nem se importar com mais nada. A expectativa ao ver o barman encher seu copo. E então, claro, aquele primeiro gole, o momento em que você experimenta a intrincada mistura de aromas e sabores. A essa altura, costumo chegar à conclusão de que, pelo menos naquele instante, está tudo bem com o mundo. "Nada em excesso, tudo na proporção certa" era o lema dos artistas e arquitetos da Idade de Ouro ateniense. Eu penso o mesmo sobre os coquetéis; eles devem ter potência suficiente para estimular seus sentidos, mas sem sobrecarregá-los. A moda de servi-los em copos do tamanho de um aquário não é boa nem para fins românticos nem para aproveitar uma refeição a contento.

Como você vai ver neste capítulo, meu gosto para coquetéis tende para os clássicos, que sobreviveram ao teste do tempo. Foram necessários anos e mais anos para que eles alcançassem um lugar nas Sagradas Escrituras da mixologia. Acrescentar um pouco de fumaça e fogo a eles proporciona notas sutis, da mesma forma que um músico talentoso pode estender um pouco mais uma pausa em uma *polonaise* de Chopin. Portanto, quando você estiver cozinhando em casa ou com amigos ao redor de uma fogueira, use as chamas para carbonizar um elemento para o seu coquetel: uma rodela de limão, um *twist* de laranja ou até mesmo uma fatia de mamão. Um pouco de carvão ou fumaça empresta uma outra dimensão às suas bebidas. A maioria dessas receitas é feita para um, mas é fácil dobrá-las ou multiplicar ainda mais para quando os convidados chegarem.

PISCO *SOUR* COM LIMÃO CHAMUSCADO

O pisco é um destilado à base de vinho. Tanto o Peru quanto o Chile reivindicam sua invenção, já que foi produzido pela primeira vez pelos espanhóis que trouxeram uvas viníferas para suas novas colônias. Para contornar esse debate acalorado, digo apenas que o pisco é basicamente um conhaque e que os conquistadores de ambos os países sabiam muito bem como destilar vinho. Portanto vou fincar posição no meio e dar crédito a ambos os países.

O famoso refresco conhecido (na América do Sul) como limonada suíça usa o limão inteiro (casca, membrana, polpa, tudo). Minha receita de pisco pede um limão chamuscado, que abranda o amargor da casca; quanto menos amargo… melhor.

Rende 1 drinque

1 limão
30 ml de pisco
15 ml de XAROPE SIMPLES (p. 299)
1 clara de ovo
8 a 10 cubos de gelo

Prepare um fogo médio. Coloque uma taça de coquetel para gelar.

Usando uma pinça comprida ou um garfo de cozinha e, calçando uma luva de forno, segure o limão sobre a chama, girando-o de vez em quando enquanto ele queima em alguns pontos e fica mais macio. Deve levar cerca de 5 minutos. Deixe esfriar, corte ao meio, apare as duas pontas e retire um pedaço da casca, para decorar.

Coloque o limão inteiro, o pisco, a calda, a clara de ovo e os cubos de gelo no liquidificador e bata em velocidade alta até desmanchar o limão e a mistura ficar espumosa. Coe na taça gelada, decore com a casca de limão reservada e sirva.

GIM-TÔNICA COM LIMÃO CHAMUSCADO E PEPINO

No geral, gosto de tomar um coquetel em pequenos goles, mas o gim-tônica serve para matar minha sede no calor do verão. Confesso que costumo virar tudo de uma vez e, às vezes, pedir mais uma rodada. O gim transparente, a tônica borbulhante e bastante gelo criam uma paisagem de inverno que alivia o calor na minha cabeça, enquanto eu me sento de camiseta, bermuda e chinelo.

Rende 1 drinque

1 rodela de limão-siciliano
1 rodela de pepino
30 ml de gim
90 ml de água tônica

Prepare um fogo médio, e aqueça a *plancha*. Se estiver cozinhando dentro de casa, aqueça uma chapa grande de ferro fundido em fogo médio.

Coloque as rodelas de limão e de pepino na *plancha* ou na frigideira quente por 1 minuto ou 2, até ficarem levemente chamuscadas, mas ainda suculentas.

Despeje o gim, a tônica e o gelo em um copo alto. Decore com o limão e o pepino chamuscados.

BOURBON *SOUR* COM CEREJA CHAMUSCADA

Segundo as leis do estado do Kentucky, o legítimo bourbon deve ser envelhecido em barris de carvalho carbonizados, que são usados uma única vez. Depois disso, muitos dos barris são vendidos para fabricantes de uísque escocês, que não têm escrúpulos em usar e reutilizar os barris para dar um sabor defumado à bebida. Use um bourbon de boa qualidade para preparar este coquetel defumado.

Rende 1 drinque

4 cerejas
1 colher (sopa) de açúcar
60 ml de bourbon
30 ml de sumo de limão-siciliano espremido na hora

Prepare um fogo médio e aqueça a *plancha*. Se estiver cozinhando dentro de casa, aqueça uma frigideira pequena de ferro fundido ou uma chapa em fogo médio.

Corte as cerejas ao meio contornando o caroço, de modo que o cabo permaneça preso a uma das metades. Deixe o caroço no lugar ou retire-o, se desejar. Passe as cerejas delicadamente no açúcar.

Coloque-as com o lado cortado para baixo na *plancha* ou na frigideira quente e deixe, sem mexer, até ficarem bem caramelizadas, por cerca de 1 minuto. Tome cuidado para o açúcar não queimar! Transfira-as para um prato usando uma espátula assim que estiverem prontas.

Despeje o bourbon e o sumo de limão em uma coqueteleira e agite bem. Sirva em uma taça de coquetel com gelo e decore com as cerejas chamuscadas.

COQUETÉIS 283

COQUETEL DE CÍTRICOS E ROMÃ

Eu servia esse coquetel — doce, cítrico, com um toque a mais de acidez — no meu restaurante de praia, o Chiringuito, na cidade de José Ignacio, no Uruguai. É muito refrescante em um dia quente de verão, na praia ou em um churrasco no quintal. Desce fácil… desacelere.

Rende 4 doses

2 ramos de hortelã grandes

1 romã

1 garrafa de vinho rosé

1 xícara (240 ml) de XAROPE SIMPLES (p. 299)

Sumo de 2 limões-sicilianos

Sumo de 2 laranjas

Sumo de 2 toranjas

Rodelas de limão-siciliano, laranja e toranja, para decorar

Prepare um fogo médio e aqueça a *plancha*. Se estiver cozinhando dentro de casa, aqueça uma frigideira ou chapa pequena de ferro fundido em fogo médio.

Coloque um dos ramos de hortelã na *plancha* ou frigideira quente e seca apenas até dourar levemente, por 1 minuto ou menos. Reserve.

Corte a romã ao meio no sentido do comprimento e retire as sementes de uma das metades. Reserve. Corte a metade restante em 4 rodelas, para decorar.

Despeje o vinho, o xarope simples, o sumo dos cítricos, a hortelã fresca e a chamuscada e as sementes de romã em uma jarra. Mexa bem, esmagando a hortelã fresca com a colher para liberar seu sabor, e acrescente bastante gelo. Decore com as rodelas de cítricos e de romã e aproveite.

NEGRONI COM LARANJA CHAMUSCADA

Ernest Hemingway bebia negroni, assim como James Bond. Esse coquetel é muito popular em Buenos Aires, onde alguns bares o servem em torneiras, da mesma forma que o chope. Alguns anos atrás, Ruth Gray, a sensacional e saudosa chef do River Café de Londres, estava escrevendo seu livro de receitas e me pediu uma receita de negroni. Minha cabeça foi imediatamente para a versão gelada, doce, amarga e timidamente poderosa que eles servem no Hotel Hassler, em Roma. Não havia muito o que fazer além de compartilhar essas informações com a Ruth. Enquanto eu pensava em coquetéis para este livro, chamusquei uma rodela de laranja, na esperança de acrescentar uma nota distinta à receita tradicional. Espero que você aprecie.

Rende 1 drinque

1 rodela de laranja

15 ml de vermute tinto doce, de preferência Carpano Antica Formula

15 ml de gim

15 ml de Campari

Prepare um fogo médio e aqueça a *plancha*. Se estiver cozinhando dentro de casa, aqueça uma chapa ou frigideira de ferro fundido em fogo médio.

Coloque a fatia de laranja na *plancha* ou frigideira quente e deixe por cerca de 1 minuto, até que fique levemente chamuscada, mas ainda suculenta.

Coloque alguns cubos de gelo em um copo de coquetel e adicione o vermute, o gim e o Campari. Mexa e decore com a fatia de laranja chamuscada.

SLUSH DE PAPAIA

Há uma velha canção de jazz, cantada por Rosemary Clooney, na qual ela promete *"papayas, anything your heart desires"* [papaias, o que quer que seu coração deseje]. Este drinque denso capta o espírito dessa música. Procure comprar um mamão maduro e doce — a decoração com o papaia grelhado é viciante.

Rende 1 drinque

1 fatia de mamão papaia sem casca, para chamuscar

3 cubos de 2,5 cm de mamão papaia maduro sem casca

30 ml de vodca

90 ml de sumo de mamão papaia

15 ml de XAROPE SIMPLES (p. 299)

Prepare um fogo médio e aqueça a *plancha*. Se estiver cozinhando dentro de casa, aqueça uma chapa ou frigideira de ferro fundido em fogo médio.

Coloque a fatia de papaia na *plancha* ou chapa quente e deixe até ficar chamuscada em alguns pontos na parte de baixo, por cerca de 1 minuto e meio. Com uma espátula fina, vire e repita do outro lado. Reserve.

Coloque o mamão em cubos, a vodca, o sumo de papaia e o xarope simples no liquidificador com gelo picado. Bata até ficar homogêneo e pastoso. Despeje em um copo de coquetel e decore com o papaia grelhado.

MOJITO COM HORTELÃ CHAMUSCADA

A cultura do coquetel, que andava de mãos dadas com boates e clientela sofisticadas como retratado nos filmes das décadas de 1930 e 1940, projetava uma vida glamorosa pela qual as pessoas ansiavam enquanto os tempos econômicos difíceis e a guerra tomavam conta do mundo. Dois dos centros mais férteis de invenção de coquetéis foram Buenos Aires e Havana. O mojito foi criado em Cuba, fruto de seus vastos campos de cana-de-açúcar e seu rum de alta categoria. Era uma especialidade do Bodeguito del Medio, em Havana, um boteco acolhedor que ainda mantém seu charme vintage. Minha versão substitui o açúcar branco refinado e o rum claro pelo açúcar mascavo e o rum escuro, proporcionando um sabor mais robusto que resiste bem quando combinado com a hortelã chamuscada.

Rende 1 drinque

1 rodela de limão

2 ramos de hortelã

2 colheres (sopa) de açúcar mascavo

1 gomo de limão

30 ml de rum escuro

15 ml de XAROPE SIMPLES (p. 299)

15 ml de sumo de limão-siciliano espremido na hora

Prepare um fogo médio e aqueça a *plancha*. Se estiver cozinhando dentro de casa, aqueça uma chapa ou frigideira de ferro fundido em fogo médio.

Coloque a rodela de limão e 1 ramo de hortelã na *plancha* ou frigideira por tempo suficiente para chamuscá-los de leve, 1 minuto ou menos. A hortelã tosta mais rápido que o limão; cuidado para não deixá-la queimar demais e ressecar.

Coloque o açúcar em uma tábua. Deslize o gomo de limão ao redor da borda de um copo de coquetel, em seguida, vire o copo de cabeça para baixo sobre o açúcar, para recobrir a borda. Despeje o rum, o xarope simples e sumo de limão-siciliano na taça. Acrescente a hortelã fresca e esmague as folhas e o caule, para que o líquido pegue o sabor dela. Adicione gelo e decore com a hortelã e o limão chamuscados.

PREPAROS BÁSICOS

SALMUERA   292

MEU VINAGRETE BÁSICO   292

CHIMICHURRI   293

MOLHO DE SALSINHA, ALHO E AZEITE   293

AÏOLI   294

MAIONESE VEGANA E AÏOLI VEGANO   294

TOMATES SECOS   295

REDUÇÃO DE TOMATE FRESCO   295

CONFIT DE LARANJA   296

CHIPS DE ALHO CROCANTE   296

CROUTONS CROCANTES   297

CASTANHAS TOSTADAS   297

CALDO DE LEGUMES   298

MANTEIGA CLARIFICADA   298

ÓLEO DE PIMENTA   299

XAROPE SIMPLES   299

SALMUERA

Esta é a salmoura que os *gauchos* usam para regar a carne, mas há muitos anos que comecei a usá-la para temperar molhos e vinagretes à base de óleo. Eis aqui a proporção básica de sal e água:

1 colher (sopa) de sal para 1 xícara (240 ml) de água

Leve o sal e a água para ferver em uma panela pequena e mexa até que o sal se dissolva. Deixe esfriar e use para temperar outros ingredientes. Guarde em um pote bem fechado na geladeira por até uma semana.

MEU VINAGRETE BÁSICO

Esta receita faz parte do meu repertório básico há anos. E, claro, existem infinitas variações — um novo azeite ou vinagre, uma colherada de mostarda de Dijon, chalota picada ou qualquer outra erva imaginável.

Rende 1 xícara (240 ml)

2 colheres (sopa) de vinagre de vinho tinto

½ colher (chá) de sal grosso, dissolvida em 1 colher (chá) de água fervente para fazer uma *salmuera*

½ colher (chá) de pimenta-do-reino preta moída na hora

6 colheres (sopa) de azeite de oliva extravirgem

Coloque o vinagre, a *salmuera* e a pimenta em uma tigela média. Misture bem. Adicione o azeite em um fluxo lento e constante, mexendo sem parar, até obter uma emulsão. Guarde em um pote bem fechado na geladeira por até uma semana.

CHIMICHURRI

Tradicionalmente servido com carne, o chimichurri dá um toque especial a quase qualquer vegetal grelhado. Prepare-o com um ou dois dias de antecedência para que os sabores tenham tempo para se infundir. Guarde na geladeira em um pote de vidro e agite bem antes de usar.

Rende cerca de 2 xícaras (480 ml)

1 xícara (240 ml) de água

1 colher (sopa) de sal grosso

1 cabeça de alho, os dentes separados e sem casca

1 xícara cheia (30 g) de folhas de salsinha fresca

1 xícara (30 g) de folhas de orégano fresco

2 colheres (chá) de pimenta-calabresa

¼ de xícara de vinagre de vinho tinto

½ xícara (120 ml) de azeite de oliva extravirgem

Prepare uma *salmuera* levando a água para ferver em uma panela pequena. Acrescente o sal e mexa até dissolver. Retire do fogo e deixe esfriar.

Pique o alho e coloque-o em uma tigela. Pique finamente a salsinha e o orégano e junte ao alho com a pimenta-calabresa. Acrescente o vinagre e depois o azeite. Adicione a *salmuera*, bata e transfira a mistura para um pote de vidro com tampa de rosca. Guarde na geladeira; agite antes de usar.

MOLHO DE SALSINHA, ALHO E AZEITE

Este condimento argentino dá vida a praticamente tudo o que toca e fica pronto em 1 minuto. Costumo adicionar um pouco de limão — confitado ou a casca ralada — se tiver, e sirvo sobre qualquer vegetal grelhado ou mesmo uma travessa de macarrão com queijo ralado.

Rende cerca de 1 xícara (240 ml)

1 xícara cheia (30 g) de folhas de salsinha fresca, picadas finamente

2 ou mais dentes de alho, espremidos

⅓ de xícara (80 ml) de azeite de oliva extravirgem, ou mais, se desejar

Sal grosso e pimenta-do-reino preta moída na hora

Coloque a salsinha em uma tigela pequena e adicione o alho. Acrescente o azeite aos poucos e vá batendo, até atingir a consistência desejada. Tempere a gosto com sal e pimenta. Guarde em um pote bem fechado na geladeira por até uma semana.

PREPAROS BÁSICOS 293

AÏOLI

Minha versão do clássico provençal. Sirva com vegetais grelhados.

Rende cerca de 1 xícara (240 ml)

2 gemas, em temperatura ambiente

2 dentes de alho, sem casca

Sal grosso

Cerca de 1 xícara (240 ml) de azeite de oliva extravirgem leve, ou uma mistura de azeite e óleo vegetal em partes iguais

Apoie uma tigela sobre uma toalha dobrada, para mantê-la firme, e coloque as gemas.

Rale o alho sobre as gemas. Adicione uma pitada de sal e misture bem.

Sem deixar de mexer, adicione o azeite e/ou óleo, primeiro algumas gotas de cada vez, depois de colher em colher, até as gemas engrossarem e emulsionarem. Despeje o azeite restante batendo em um fluxo lento e constante, até que tenha sido incorporado e o aïoli esteja homogêneo e espesso. Guarde em um pote bem fechado na geladeira por até 3 dias.

MAIONESE VEGANA

Prepare esta maionese vegana com a *aquafaba*, o líquido do grão-de-bico em conserva.

Rende cerca de 1½ xícara (360 ml)

6 colheres (sopa) de *aquafaba*

1½ colher (sopa) de sumo de limão-siciliano espremido na hora

2 colheres (chá) de mostarda de Dijon

½ xícara (120 ml) mais 1 colher (sopa) de azeite de oliva extravirgem

½ xícara (120 ml) mais 1 colher (sopa) de óleo vegetal

Coloque a *aquafaba*, o sumo de limão e a mostarda no copo do liquidificador. Bata por cerca de 1 minuto, até formar uma espuma. Com o liquidificador ligado, adicione aos poucos o azeite e o óleo em fio fino e constante, e bata até que a mistura fique espessa e brilhante. Guarde na geladeira por até uma semana.

VARIAÇÃO

AÏOLI VEGANO

Adicione 1 ou 2 dentes de alho ralados à maionese vegana.

TOMATES SECOS

Nem de longe parecidos com os que são vendidos prontos, esses tomates são finos como papel e parecem uma joia. Fatiamos os nossos em um cortador de frios e os secamos no telhado do meu restaurante em Garzón, onde bate muito sol. Em casa, você pode cortá-los em uma mandolina e secá-los em uma janela onde bata sol, ou até mesmo junto a um aquecedor. Guarde-os em azeite e pegue alguns para enfeitar uma salada, ou faça um panini com eles, um pouco de queijo e algumas folhas de manjericão fresco.

Rende cerca de 2½ xícaras (600 ml)

4 ou 5 tomates grandes e firmes, não muito maduros
Cerca de 2 xícaras (480 ml) de azeite de oliva suave

Forre várias assadeiras com tapetes de silicone com o lado áspero voltado para cima. Corte os tomates em fatias finas como papel em uma mandolina e, em seguida, arrume-as cuidadosamente em fileiras sobre os tapetes. Não se preocupe com as sementes — elas vão secar junto com o resto do tomate.

Coloque as assadeiras ao sol para secar por um dia, dependendo do clima, ou posicione-as acima ou ao lado de um aquecedor. As bordas vão começar a se enrolar, mas, quando estiverem completamente secos, os tomates ficarão achatados, crocantes e delicados. Retire-os cuidadosamente do tapete com uma espátula fina, um de cada vez, e coloque-os em um recipiente ou pote hermético, depois cubra completamente com azeite e tampe. Guarde na geladeira por uma semana ou mais.

REDUÇÃO DE TOMATE FRESCO

O retrato da simplicidade, é o que eu faço quando tenho tomates demais e eles começam a ficar moles. Eles pouco cozinham, apenas se reduzem em seus próprios sumos até a mais pura essência do tomate. Também pode ser congelado, proporcionando um bem-vindo sabor de verão muito tempo depois que os tomates saíram de época.

Rende cerca de 2 xícaras (480 ml)

1 kg de tomates maduros e suculentos, sem o miolo
Sal grosso e pimenta-do-reino preta moída na hora
Uma pitada de açúcar

Coloque os tomates em uma panela em fogo baixo e tempere ligeiramente com sal e pimenta. Quebre-os com uma espátula de metal, acrescente o açúcar e deixe ferver muito lentamente em seus próprios sumos, mexendo de vez em quando com a espátula, até que tenham reduzido para ⅔ do volume inicial. Quanto mais delicadamente você cozinhá-los, melhor será o resultado. Não se preocupe com as sementes nem com a pele; o longo cozimento faz tudo se desmanchar. Guarde na geladeira, bem tampado, por vários dias, ou congele.

PREPAROS BÁSICOS 295

CONFIT DE LARANJA

Partindo do mesmo princípio do confit de limão-siciliano apresentado anteriormente, o confit de laranja é igualmente refrescante. Use-o para dar vida a molhos; você pode inclusive dourar as cascas confitadas junto com os vegetais diretamente na *plancha*.

Rende cerca de 1 xícara (240 ml)

2 laranjas

1 folha de louro

6 grãos inteiros de pimenta-do-reino preta

1¼ de xícara (300 ml) de azeite de oliva extravirgem, mais um pouco, se necessário

2 colheres (sopa) de vinho branco seco

1 colher (chá) de sal grosso

Corte as laranjas ao meio. Esprema e reserve o sumo. Coloque as metades espremidas em uma panela e acrescente o louro, os grãos de pimenta, 1 colher (sopa) de azeite, o vinho e o sal. Adicione água suficiente para cobrir completamente as laranjas e deixe ferver. Reduza o fogo e cozinhe por cerca de 20 minutos, até que a casca de laranja esteja bem macia. Retire do fogo e deixe esfriar no próprio líquido.

Escorra a casca da laranja e rasgue-a em tiras de cerca de 2,5 cm de largura. Coloque uma tira com o lado da casca para baixo em uma tábua e, com uma faca afiada, raspe cada pedaço da parte branca amarga, deixando apenas a casca. Repita com o restante.

Coloque as tiras em um pequeno recipiente hermético e cubra completamente com o restante do azeite. O confit dura pelo menos uma semana na geladeira.

CHIPS DE ALHO CROCANTE

Este apetitoso *topping* traz um toque crocante de alho para saladas e sopas. Não é difícil preparar os chips, mas tome cuidado para não queimar — eles ficam prontos em cerca de 10 segundos!

Rende de 4 a 6 porções como finalização

10 dentes de alho, sem casca

1 xícara (240 ml) de azeite de oliva, para fritar

Usando uma faca afiada ou uma mandolina pequena, corte o alho em lâminas bem finas. Forre um prato com duas folhas de papel-toalha.

Aqueça o azeite em uma frigideira de ferro fundido de 25 cm em fogo médio-alto e fique atento. Quando o azeite estiver bem quente, teste a temperatura adicionando uma lâmina de alho. Se chiar, adicione o restante das lâminas. Elas devem ficar crocantes e douradas em cerca de 10 segundos. Separe com uma escumadeira para evitar que grudem e as retire assim que ganharem cor; ponha para escorrer no papel-toalha. (O azeite pode ser coado e guardado para outro uso, se não estiver queimado.)

CROUTONS CROCANTES

Nunca jogue fora sobras de pão. Em vez disso, quebre-as em pedaços enquanto ainda estão maleáveis e frite-as em um bom azeite. Use como está ou quebre em croutons ainda menores, se desejar. Tenha sempre à mão para dar textura a saladas, sopas ou massas.

Rende cerca de 2½ xícaras (200 g)

200 g de pão dormido

Cerca de 3 colheres (sopa) de azeite de oliva extravirgem ou mais um pouco, conforme necessário

Sal grosso e pimenta-do-reino preta moída na hora

Esfarele o pão com a mão em uma tigela. Forre uma assadeira pequena com papel-toalha. Aqueça o azeite em uma frigideira em fogo médio. Adicione o pão e frite por cerca de 2 minutos, virando de vez em quando, até que fiquem crocantes e dourados ao seu gosto. Adicione mais azeite, se necessário. Tempere a gosto com sal e pimenta. Transfira para a assadeira forrada, para escorrer. Guarde em um pote hermético.

CASTANHAS TOSTADAS

Amêndoas e nozes estão prontas para uso logo depois de torradas, mas as avelãs exigem um passo adicional para remover suas cascas amargas. Use as castanhas tostadas em molhos, saladas ou qualquer prato que precise de um pouco de textura e sabor.

Rende 1 xícara (125 g)

1 xícara de amêndoas, nozes ou avelãs

Preaqueça o forno a 180°C.

Espalhe as castanhas em uma assadeira. Leve ao forno por 5 a 10 minutos, mexendo de vez em quando, até que estejam perfumadas e tostadas. Se estiver cozinhando amêndoas ou nozes, tire-as da assadeira quente e derrube sobre um prato assim que estiverem prontas, para interromper o cozimento. Se estiver tostando avelãs, vai precisar esfregá-las vigorosamente com um pano de prato limpo para extrair o máximo da casca. Use as castanhas ainda quentes ou guarde-as em um pote hermético.

CALDO DE LEGUMES

Este é um caldo rico, que pode ser usado no preparo de polentas, sopas ou ensopados. Quanto maior a proporção de vegetais em relação à água, mais rico o caldo. Adicione cogumelos, se quiser, para dar ainda mais corpo.

Rende cerca de 4 litros

1 cabeça de alho, cortada ao meio

2 alhos-porós grandes, cortados ao meio no sentido do comprimento, bem lavados e cortados em pedaços de 5 cm

6 talos de aipo, cortados em quatro

2 cebolas médias, cortadas em quatro

3 cenouras médias, cortadas em quatro

12 grãos inteiros de pimenta-do-reino preta

2 folhas de louro

Sal grosso e pimenta-do-reino preta moída na hora

Coloque o alho, o alho-poró, o aipo, a cebola, a cenoura, a pimenta e o louro em uma panela grande e acrescente cerca de 5 litros de água. Leve para ferver e depois deixe cozinhar no fogo baixo, com a panela parcialmente tampada, por cerca de 1 hora. Adicione sal, provando com cuidado, e pimenta, se achar necessário.

Passe para uma tigela grande usando uma peneira e apertando com força os legumes e o alho com uma colher de pau para extrair todo o sabor. Descarte os sólidos. Prove mais uma vez e ajuste os temperos. Guarde na geladeira ou no freezer.

MANTEIGA CLARIFICADA

Você pode cozinhar com manteiga em temperaturas mais altas se derretê-la e extrair os sólidos. Use a manteiga clarificada como alternativa ao azeite para tostar croutons ou vegetais empanados.

Rende cerca de 1½ xícara (360 ml)

450 g de manteiga sem sal

Coloque a manteiga em uma panela pequena e pesada e derreta lentamente em fogo baixo. Não mexa. Retire do fogo e descarte a espuma com uma escumadeira. Forre com gaze uma peneira pequena e de malha fina e coloque-a sobre uma tigela pequena. Coe a manteiga através da gaze na tigela e descarte todos os sólidos. Resfrie a manteiga coada e use imediatamente ou guarde em um recipiente hermético na geladeira por até 2 semanas.

ÓLEO DE PIMENTA

Tenha um pote pequeno na geladeira para usar sempre que um prato precisar de potência. Escolha qualquer pimenta seca saborosa, e adicione mais ou menos azeite. Deixe a mistura em infusão por um ou dois dias antes de usar.

Rende cerca de 1 xícara (240 ml)

1 xícara (240 ml) de azeite de oliva extravirgem
5 pimentas secas: 2 intactas, 3 esmagadas

Despeje o azeite em um frasco pequeno de vidro com tampa. Coloque as pimentas inteiras e as esmagadas. Agite, feche bem e guarde na geladeira.

XAROPE SIMPLES

Utilize este adoçante líquido em drinques e sobremesas. Use-o puro ou adicione especiarias ou ervas inteiras enquanto estiver quente e deixe em infusão por algum tempo.

Rende cerca de 1½ xícara (360 ml)

1 xícara (200 g) de açúcar
1 xícara (240 ml) de água

Misture o açúcar e a água em uma panela pequena em fogo médio. Deixe cozinhar, mexendo, até que o açúcar se dissolva. Dura cerca de um mês na geladeira, em um recipiente bem tampado.

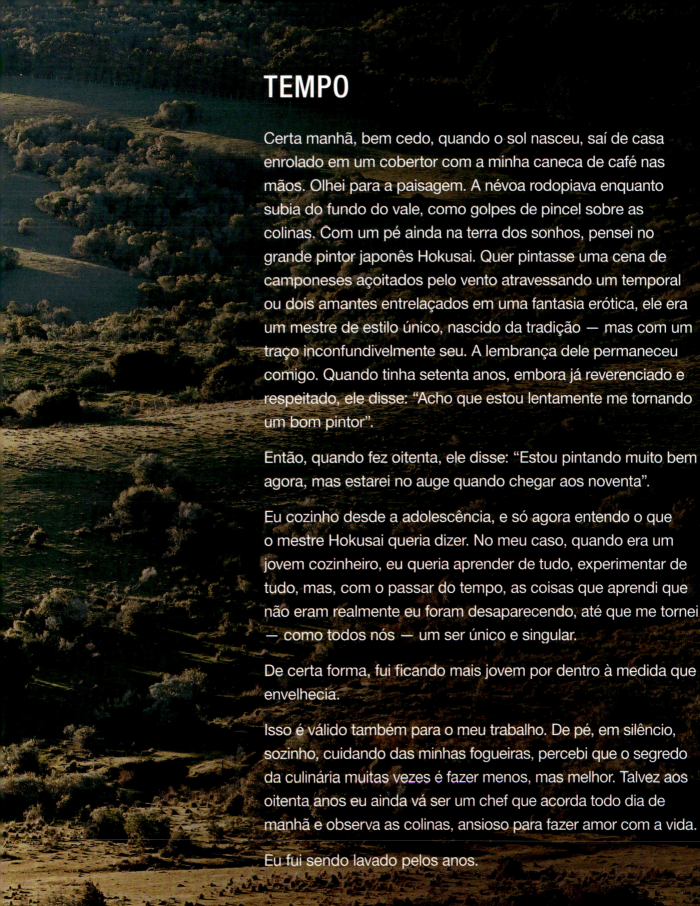

TEMPO

Certa manhã, bem cedo, quando o sol nasceu, saí de casa enrolado em um cobertor com a minha caneca de café nas mãos. Olhei para a paisagem. A névoa rodopiava enquanto subia do fundo do vale, como golpes de pincel sobre as colinas. Com um pé ainda na terra dos sonhos, pensei no grande pintor japonês Hokusai. Quer pintasse uma cena de camponeses açoitados pelo vento atravessando um temporal ou dois amantes entrelaçados em uma fantasia erótica, ele era um mestre de estilo único, nascido da tradição — mas com um traço inconfundivelmente seu. A lembrança dele permaneceu comigo. Quando tinha setenta anos, embora já reverenciado e respeitado, ele disse: "Acho que estou lentamente me tornando um bom pintor".

Então, quando fez oitenta, ele disse: "Estou pintando muito bem agora, mas estarei no auge quando chegar aos noventa".

Eu cozinho desde a adolescência, e só agora entendo o que o mestre Hokusai queria dizer. No meu caso, quando era um jovem cozinheiro, eu queria aprender de tudo, experimentar de tudo, mas, com o passar do tempo, as coisas que aprendi que não eram realmente eu foram desaparecendo, até que me tornei — como todos nós — um ser único e singular.

De certa forma, fui ficando mais jovem por dentro à medida que envelhecia.

Isso é válido também para o meu trabalho. De pé, em silêncio, sozinho, cuidando das minhas fogueiras, percebi que o segredo da culinária muitas vezes é fazer menos, mas melhor. Talvez aos oitenta anos eu ainda vá ser um chef que acorda todo dia de manhã e observa as colinas, ansioso para fazer amor com a vida.

Eu fui sendo lavado pelos anos.

AGRADECIMENTOS

A Lia Ronnen, pelo apoio inabalável e pela disposição de correr riscos. A Judy Pray — sempre determinada, inevitavelmente alegre. A Donna Gelb, pela maneira mágica e meticulosa de interpretar minhas receitas para a cozinha doméstica. A Peter Kaminsky, pela amizade e pela poesia de sua prosa. A William Hereford, porque ele é um artista. A Diego Irrera — ninguém conhece a alma da minha cozinha mais que ele. A Ricky Motta — quando ele empunha uma faca diante da tábua, sei que tudo vai ficar bem. A Sebastian Benítez, que traz alegria e cor a qualquer cozinha. A Emilia e Florencia Pereyra & Pereyra, pelas risadas e pela precisão. À Bodega Garzón — suas vinhas, seus vinhos, seus sabores! A Colinas de Garzón — não vivo sem o seu azeite! À Bodega Escorihuela, por um quarto de século partilhando esperança. A Maria de Luynes, por seus muitos anos como minha assistente, e agora imperatriz da Ilha. A Nicole Tuvi, que se move como uma faca pela água, dando conta de tudo. A Brendan McCarthy, por suas gloriosas e simples churrasqueiras da North Fork. A Julia Fleisch, Justine Garcia, Marta Matos e Joanne Edelstein, pelos testes e pelas degustações cuidadosos e honestos das receitas. A Dick e Barbara Moore, que generosamente emprestaram seu quintal no Brooklyn para a sessão de fotos, e a Patsy Taylor, que disponibilizou seu apartamento para a equipe de fotografia. A Janet Mendel, por nos mostrar o caminho para a *ajada*. A Adrian Perez, o coração pulsante de Garzón. A Olga Grigorenko, responsável pelos acessórios, que sempre tem o que é necessário. A Alejandro Conde e Diego Salaberry, que concretizam as coisas. A Martin Sosa — tenho muito orgulho de ter visto você crescer e se tornar quem você é. A Susana Pérez — você é a alegria do nosso restaurante, sempre com um sorriso no rosto. A Nilda Rodríguez Muñeca — para ela, tudo é sempre possível. A Sebastian García — sou imensamente grato por suas mágicas na coquetelaria. A José Luis, pelos nossos dez anos juntos. Aos braços fortes e jovens de Leo Zolberg e Ezra Septimus. À bela equipe da Artisan: produção editorial, edição e revisão de Zach Greenwald, Paula Brisco e Ivy McFadden; à equipe de design formada por Suet Chong, Nina Simoneaux e Maggie Byrd; a Nancy Murray, pela produção do livro; e a Allison McGeehon, por liderar os esforços de publicidade. E à equipe da Argentina, que esteve à frente deste projeto por quatro anos: Juan Ignacio Boido, Mariano Kairuz, Salomé Azpiroz, Isaías Miciu e Johnatan Pavés. À querida Ann Bramson, que apresentou meu trabalho para a Artisan e para os Estados Unidos. E, claro, a Vanina Chimeno, por ser meus olhos, meu amor e minha coragem. A *todos mis hijos*, por me deixarem caminhar no limiar da incerteza.

ÍNDICE REMISSIVO

As páginas indicadas em *itálico* referem-se às fotos.

A

abacate: Cenoura chamuscada com quinoa preta e hortelã, 163; Funcho chamuscado e tomates *a la plancha* com abacate e sementes de girassol, *202, 203*; Rodelas de abóbora pérola-negra com abacate, 240; Salada de beterraba, lentilha e abacate com arroz crocante, *122*, 123-4; Salada de milho grelhado com abacate e tomate-cereja, 192, *193*

Abacaxi assado com mirtilos, 272, *273*

abóbora, 233-47; Abóbora *a la plancha*, 244, *245*; Abóbora assada em fatias com *ajada*, *238*, 239; Abóbora assada inteira no *rescoldo* com *salsa criolla*, 236, 237; *Locro* vegano com pêssego seco, 227-8, *229*; Ragu de funcho, *210*, 211; Rodelas de abóbora pérola--negra com abacate, 240; *Tian* e churrasco de ratatouille, 85-6; Tiras de abóbora assada com endro, 241; Vegetais de Natal, 172, *173*

abóbora-de-pescoço: Abóbora assada em fatias com *ajada*, *238*, 239; Abóbora assada inteira no *rescoldo* com *salsa criolla*, 236, 237

abóbora-moranga: Tiras de abóbora assadas com endro, 241

Abobrinha redonda *a las brasas*, *246, 247*

acelga: *Humitas a la parrilla* em folha de acelga queimada, 184, *185*

aïoli, 294; Aïoli vegano, 294; Beringela no *rescoldo* com salsinha, pimenta e aïoli, 81; Mimosa de alcachofra com ovos e aïoli, *96*, 97; Salada de beterraba, lentilha e abacate com arroz crocante, *122*, 123-4

ajada, 239

alcachofra, 93-109; Alcachofra frita com tahine e iogurte de gergelim preto, 108-9, *109*; Alcachofras *a la plancha* com confit de limão e amêndoas tostadas, 98-9, *99*; Alcachofras amassadas com couve crocante, 104, *105*; Alcachofras com favas e ervilhas, *100*, 101; Alcachofras crocantes com *labneh* e molho de limão, *106*, 107; Mimosa de alcachofra com ovos e aïoli, *96*, 97

alcaparras: *Humitas* com pinoles e alcaparras, 183; Tapenade, *74, 75*, 212

alho: Bife de repolho com confit de laranja, alho e cogumelos, *135*, 136; Cenoura assada com alho e alecrim, 166, *167*; Chips de alho crocante, 296; Chips de batata-doce com salsinha e alho, 55; Creme de alho, 40; *Faina* com salsinha, orégano, alho e sementes tostadas, 226; Molho de broto de alho, *160*, 161-2; Molho de salsinha, alho e azeite, 293; Ragu de funcho, *210*, 211; Salada de couve-de-bruxelas em lascas com tomate-cereja e alho, 137; Tomates chamuscados com alho e tomilho, 70, *71*

ameixa: *Galettes* de frutas com caroço, 254, *255*; Pêssegos, ameixas e queijo *a la plancha*, *262*, 263; Salada caprese de tomate chamuscado e ameixa, 72; Salada de beterraba e ameixa, 120

arroz: Salada de beterraba, lentilha e abacate com arroz crocante, *122*, 123-4

azeitona: Tapenade, *74*, 75, 212

B

básicos, 291-9; Aïoli, 294; Caldo de legumes, 298; Castanhas tostadas, 297; Chimichurri, 293; Chips de alho crocante, 296; Confit de laranja, 296; Croutons crocantes, 297; Maionese vegana, 294; Manteiga clarificada, 298; Meu vinagrete básico, 292; Molho de salsinha, alho e azeite, 293; Óleo de pimenta, 299; Redução de tomate fresco, 295; *Salmuera*, 292; Tomates secos, 295; Xarope simples, 299

batata, 23-47; Batatas amassadas em quatro versões, *26*, 27-9, *29*; Batatas *blackjack*, *32*, 33; Batata com gremolata de cúrcuma, cardamomo, coentro e amêndoas, 28; Batata com pimentões grelhados, 28; Batata com pólen de funcho, erva-doce, alecrim e alho, 29, *29*; Batata rösti com raclette, 36, *37*; Batata rústica, *38*, 39; *Huevos a la tripa*, 46, *47*; Pirâmides de batatas, 42-5, *44*;

Rodelas de batata na *plancha*, 30, *31*; Salada de tiras crocantes de batata e salsinha com creme de alho, 40, *41*; Tijolos de batata, 42-5, *43*

batata-doce, 49-59; Batata-doce com iogurte e gremolata de hortelã e amêndoas, 54; Batata-doce com manteiga e pimenta-calabresa, *52*, 53-4; Batata-doce no *rescoldo* em duas versões, *52*, 53-4; Chips de batata-doce com salsinha e alho, 55; Tortilha espanhola de batata-doce, 58-9; Vegetais de Natal, 172, *173*

Bechamel, 46, *47*

beringela, 77-91: Beringela *a la plancha* em quatro versões, *87*, 89-90; Beringela à milanesa, *82*, 83-4; Beringela com iogurte, shoyu, pistache e hortelã, *88*, 89-90; Beringela com pepino, chalota, amêndoa e coentro, 90, *91*; Beringela com redução de tomate fresco, manjericão e queijo, 90; Beringela no *rescoldo* com redução de tomate fresco, *80*, 81; Beringela *no rescoldo* com salsinha, pimenta e aïoli, 81; Milanesa de homus com tomate-cereja, *230*, 230-1; *Tian* e churrasco de ratatouille, 85-6; Vegetais de Natal, 172, *173*

beterraba, 113-25; Beterraba amassada com suas próprias folhas, chips de alho e maionese vegana, *118*, 119; Beterraba no *rescoldo* com laranja, funcho e molho de endro, *116*, 117; Beterrabas e endívias, 125; Salada de beterraba e ameixa, 120, *121*; Salada de beterraba, lentilha e abacate com arroz crocante, *122*, 123-4

Bife de repolho com crosta de mostarda e erva-doce, 135, *135*

Bizcochuelo grelhado com morangos assados e sorvete, *258*, 259-60

Bourbon *sour* com cereja chamuscada, 283

Brócolis *a la plancha* com tomate seco, 146, *147*

C

Calda de anis-estrelado, 275

caldero, 16

Caldo de legumes, 298

Campari: Granita de Campari, *264*, 265; Molho de toranja, nozes e Campari, 131-3, *132*

castanhas: Alcachofras *a la plancha* com confit de limão e amêndoas tostadas, 98-9, *99*; Beringela com iogurte, shoyu, pistache e hortelã, *88*, 89-90; Beringela com pepino, chalota, amêndoa e coentro, 90, *91*; Bife de repolho com amêndoas, salsinha, mel e shoyu, 136; Castanhas tostadas, 297; Faina com castanha-de-caju, tangerina e manjericão, 226; Folhas de couve-de-bruxelas chamuscadas com nozes, *140*, 141; Gremolata de cúrcuma, cardamomo, coentro e amêndoas, 28; Gremolata de hortelã e amêndoas, 54; *Humitas* com pinoles e alcaparras, 183; Molho de toranja, nozes e Campari, 131-3, *132*; Salada de melancia com ervas, avelãs tostadas e pimenta-do-reino, *270*, 271; Salada de tomate *heirloom* com burrata, tapenade e pinole, *74*, 75

cebola: *Huevos a la tripa*, 46, *47*; *Salsa criolla*, 237; Vegetais de Natal, 172, *173*

cebolinha: Salada de feijão-preto e feijão-branco grelhados, 220, *221*; Tomates-cereja chamuscados com cebolinha, 73

cenoura, 157-69; Cenoura à *Chiringuito*, *164*, 165; Cenoura assada com alho e alecrim, 166, *167*; Cenoura chamuscada com quinoa preta e hortelã, 163; Cenoura com creme e tomilho, *168*, 169; Cenoura jovem *a la plancha* com molho de hortelã e broto de alho chamuscados, *160*, 161; Vegetais de Natal, 172, *173*

cereja: Bourbon *sour* com cereja chamuscada, 283; Cerejas tostadas com sorvete, 266, *267*

chalota: Beringela com pepino, chalota, amêndoa e coentro, 90, *91*

Chauchas a la plancha com vinagrete de pepino, *218*, 219

Chimichurri, 293

churrasco: *Tian* e churrasco de ratatouille, 85-6

Churrasqueira Weber, 19

cogumelo: Bife de repolho com confit de laranja, alho e cogumelos, *135*, 136; Faina com cogumelos, alho e salsinha, 226; Polenta cremosa com cogumelos grelhados, 186, *187*; Salada de milho grelhado com cogumelos, rúcula e pimentão, *194*, 195

confit: Alcachofras *a la plancha* com confit de limão e amêndoas tostadas, 98-9, *99*; Bife de repolho com confit de laranja, alho e cogumelos, *135*, 136; Confit de laranja,

296; Funcho confitado com ovo *mollet*, 206, *207*; Sopa de tomate confitado, *68*, 69; Tomate confitado, *64*, 65; Tomate confitado recheado com queijo pepato, 66, *67*

coquetéis, 277-87; Bourbon *sour* com cereja chamuscada, 283; Coquetel de cítricos e romã, *284*, 285; Gim-tônica com limão chamuscado e pepino, 282; Mojito com hortelã chamuscada, 287; Negroni com laranja chamuscada, 285; Pisco *sour* com limão chamuscado, 281; *Slush* de papaia, 286

Coquetel de cítricos e romã, *284*, 285

couve: Alcachofras amassadas com couve crocante, 104, *105*

couve-flor: Couve-flor assada inteira com gergelim, limão chamuscado e vermute, 144, *145*

creme: Abóbora *a la plancha*, 244, *245*; Cenoura com creme e tomilho, *168*, 169; Creme de alho, 40

Croutons crocantes, 297

D

domo, 148-55, *153-5*

E

endívia: Beterrabas e endívias, 125
ervas, 28, *29*; Faina com salsinha, orégano, alho e sementes tostadas, 226; Milanesa de homus com tomate-cereja, *230*, 230-1; Salada de melancia com ervas, avelãs tostadas e pimenta-do-reino, *270*, 271; Vegetais de Natal, 172, *173*; *ver também ervas específicas*

ervilha: Alcachofras com favas e ervilhas, *100*, 101

espinafre. Fatias de polenta grelhada com espinafre chamuscado e pimentão, 188, *189*

F

Faina em quatro versões, *224*, 225-6; Faina com castanha-de-caju, tangerina e manjericão, 226; Faina com cogumelos, alho e salsinha, 226; Faina com salsinha, orégano, alho e sementes tostadas, 226

flores, 111

fogueira, montagem, *20*, 21

Folhas de couve-de-bruxelas *a la plancha* com limão e pimenta, 138, *139*

Folhas de couve-de-bruxelas chamuscadas com nozes, *140*, 141

frutas, 248-75; Abacaxi assado com mirtilos, 272, *273*; *Bizcochuelo* grelhado com morangos assados e sorvete, *258*, 259; Cerejas tostadas com sorvete, 266-7; *Galettes* de frutas com caroço, 254, *255*; Morangos assados com ricota e hortelã, *256*, 257; Peras assadas no sal com calda de anis-estrelado, *274*, 275; Pêssegos, ameixas e queijo *a la plancha*, 262, 263; Salada de melancia com ervas, avelãs tostadas e pimenta-do-reino, *270*, 271; Toranja chamuscada com mascarpone e granita de Campari, *264*, 265; Uvas grelhadas com queijo derretido, *252*, 253

funcho, 197-213; Funcho chamuscado *a la plancha* com molho de conhaque, coentro e cardamomo, 204, *205*; Funcho chamuscado e tomates *a la plancha* com abacate e

sementes de girassol, *202*, 203; Funcho confitado com ovo *mollet*, 206, *207*

G

Galettes de frutas com caroço, 254, *255*

Gim-tônica com limão chamuscado e pepino, 282

Granita de Campari, *264*, 265

grão-de-bico: *Locro* vegano com pêssego seco, 227-8, *229*; Milanesa de homus com tomate-cereja, *230*, 230-1; Salada de grão-de-bico grelhado, *222*, 223

grãos, 215-31; Alcachofras com favas e ervilhas, *100*, 101; *Chauchas a la plancha* com vinagrete de pepino, *218*, 219; *Faina* em quatro versões, *224*, 225-6; *Locro* vegano com pêssego seco, 227-8, *229*; Salada de feijão-preto e feijão-branco grelhados, 220, *221*; Salada de grão-de-bico grelhado, *222*, 223

gremolata: Gremolata de cúrcuma, cardamomo, coentro e amêndoas, 28; Gremolata de hortelã e amêndoas, 54

H

horno, 16-7

Huevos a la tripa, 46-7, *47*

Humitas: Humitas em três versões, 182-5, *182*; Humitas *a la parrilla* em folha de acelga queimada, 184, *185*; Humitas com pinoles e alcaparras, 183

I

iogurte: Alcachofra frita com tahine e iogurte de gergelim preto, 108-9; Batata-doce no *rescoldo* com iogurte e gremolata de hortelã e amêndoas, 54; Beringela com iogurte, shoyu, pistache e hortelã, *88*, 89-90; Cenoura à Chiringuito, *164*, 165; Molho de iogurte, 108, *109*

L

labneh: Alcachofras crocantes com *labneh* e molho de limão, *106*, 107

laranja: Confit de laranja, 296; Faina com castanha-de-caju, tangerina e manjericão, 226; Laranja, funcho e molho de endro, *116*, 117

leite: Fatias de polenta grelhada com espinafre chamuscado e pimentão, 188, *189*; *Humitas* em três versões, 182-5, *182*; Polenta cremosa com cogumelos grelhados, 186, *187*; Polenta grelhada com radicchio e rúcula, *190*, 191

lentilha: Salada de beterraba, lentilha e abacate com arroz crocante, *122*, 123-4

limões: Alcachofras *a la plancha* com confit de limão e amêndoas tostadas, 98-9, *99*; Alcachofras amassadas com couve crocante, 104, *105*; Alcachofras com favas e ervilhas, *100*, 101; Alcachofras crocantes com *labneh* e molho de limão, *106*, 107; Couve-flor assada inteira com gergelim, limão chamuscado e vermute, 144-5; Folhas de couve-de-bruxelas *a la plancha* com limão e pimenta, 138, *139*; Mimosa de alcachofra com ovos e aïoli, *96*, 97; molho de limão, 203; Salada de grão-de-bico grelhado, *222*, 223

Locro vegano com pêssego seco, 227-8, *229*

M

Maionese vegana, 294

Manteiga clarificada, 298

Milanesa de homus com tomate-cereja, *230*, 230-1

milho, 179-95; Fatias de polenta grelhada com espinafre chamuscado e pimentão, 188, *189*; *Humitas a la parrilla* em folha de acelga queimada, 184, *185*; *Humitas* com pinoles e alcaparras, 183; *Humitas* em três versões, 182-5, *182*; *Locro* vegano com pêssego seco, 227-8, *229*; Polenta cremosa com cogumelos grelhados, 186, *187*; Polenta grelhada com radicchio e rúcula, *190*, 191; Salada de milho grelhado com abacate e tomate-cereja, 192, *193*; Salada de milho grelhado com cogumelos, rúcula e pimentão, *194*, 195

milho branco: *Locro* vegano com pêssego seco, 227-8, *229*

mirtilo: Abacaxi assado com mirtilos, 272, *273*

Mojito com hortelã chamuscada, 287

molho: *Ajada*, 239; Bechamel, 46, *47*; Calda de anis-estrelado, 275; Creme de alho, 40; Faina com castanha-de-caju, tangerina e manjericão, 226; Molho de toranja, nozes e Campari, 131-3, *132*; Molho de conhaque, coentro e cardamomo, 204, *205*; Molho de gergelim, limão chamuscado e vermute, 144-5; Molho de hortelã e broto de alho chamuscados, *160*, 161-2; Laranja, funcho e molho de endro, *116*, 117; Molho de salsinha, alho e azeite, 293; Molho de salsinha, orégano,

alho e sementes tostadas, 226; *Salsa criolla*, 237

morango: *Bizcochuelo* grelhado com morangos assados e sorvete, *258*, 259-60; Morangos assados com ricota e hortelã, *256*, 257

mostarda: Bife de repolho com crosta de mostarda e erva-doce, 135

N

Natal, 171

nectarina: *Galettes* de frutas com caroço, 254, *255*

Negroni com laranja chamuscada, 285

O

Óleo de pimenta, 299

ovo: *bizcochuelo*, 259-60; Funcho confitado com ovo *mollet*, 206, *207*; *Huevos a la tripa*, 46, *47*; Mimosa de alcachofra com ovos e aïoli, *96*, 97; Tomate chamuscado com alho e tomilho, 70, *71*; Tortilha espanhola de batata-doce, *58*, 59

P

Pan chato com funcho, 212-3

pão: *Faina* com castanha-de-caju, tangerina e manjericão, 226; Faina com cogumelos, alho e salsinha, 226; Faina com salsinha, orégano, alho e sementes tostadas, 226; *Faina* em quatro versões, 224, 225-6; *Pan chato* com funcho, 212-3

parrilla, 16

pepino: Beringela com pepino, chalota, amêndoa e coentro, 90, *91*; *Chauchas a la plancha* com vinagrete de pepino, *218*, 219

ÍNDICE REMISSIVO 309

Peras assadas no sal com calda de anis-estrelado, *274*, 275
pêssego: *Galettes* de frutas com caroço, 254, *255*; *Locro* vegano com pêssego seco, 227-8, *229*; Pêssegos, ameixas e queijo *a la plancha*, 262, 263
pimentão: Cenoura à *Chiringuito*, *164*, 165; Fatias de polenta grelhada com espinafre chamuscado e pimentão, 188, *189*; Pimentões grelhados, 28; Salada de milho grelhado com cogumelos, rúcula e pimentão, *194*, 195; *Salsa criolla*, 237
Pisco *sour* com limão chamuscado, 281
plancha, 15-6
polenta: Fatias de polenta grelhada com espinafre chamuscado e pimentão, 188, *189*; Polenta cremosa com cogumelos grelhados, 186, *187*; Polenta grelhada com radicchio e rúcula, *190*, 191; Ragu de funcho, *210*, 211

Q

queijo: Alcachofras crocantes com *labneh* e molho de limão, *106*, 107; Batata rosti com raclette, 36, *37*; Bechamel, 46, *47*; Beringela com redução de tomate fresco, manjericão e queijo, 90; Faina em quatro versões, *224*, 225-6; *Humitas a la parrilla* em folha de acelga queimada, 184, *185*; Morangos assados com ricota e hortelã, *256*, 257; Pêssegos, ameixas e queijo *a la plancha*, *262*, 263; Polenta cremosa com cogumelos grelhados, 186, *187*; Polenta grelhada com radicchio e rúcula, *190*, 191; Salada caprese

de tomate chamuscado e ameixa, 72; Salada de melancia com ervas, avelãs tostadas e pimenta-do--reino, *270*, 271; Salada de tomate *heirloom* com burrata, tapenade e pinole, *74*, 75; Tomate confitado recheado com queijo pepato, 66, *67*; Toranja chamuscada com mascarpone e granita de Campari, *264*, 265; Uvas grelhadas com queijo derretido, *252*, 253
quinoa: Cenoura chamuscada com quinoa preta e hortelã, 163

R

radicchio: Polenta grelhada com radicchio e rúcula, *190*, 191
Ragu de funcho, *210*, 211
repolho, 127-36; Bife de repolho com amêndoas, salsinha, mel e shoyu, 136; Bife de repolho com confit de laranja, alho e cogumelos, *135*, 136; Bife de repolho com crosta de mostarda e erva-doce, *135*; Bife de repolho em quatro versões, 134-6; Minha salada de repolho preferida, 130; Repolho inteiro assado com molho de Campari, toranja e nozes, 131, *132*, 133
rescoldo, 17
Rodelas de abóbora pérola-negra com abacate, 240
romã: Coquetel de cítricos e romã, *284*, 285
rúcula: Polenta grelhada com radicchio e rúcula, *190*, 191; Salada de melancia com ervas, avelãs tostadas e pimenta-do-reino, *270*, 271; Salada de milho grelhado com cogumelos, rúcula e pimentão, *194*, 195

S

saladas: Minha salada de repolho preferida, 130; Salada caprese de tomate chamuscado e ameixa, 72; Salada de beterraba e ameixa, 120, *121*; Salada de beterraba, lentilha e abacate com arroz crocante, *122*, 123-4; Salada de couve--de-bruxelas em lascas com tomate-cereja e alho, 137; Salada de feijão-preto e feijão--branco grelhados, 220, *221*; Salada de funcho com hortelã, *200*, 201; Salada de grão--de-bico grelhado, *222*, 223; Salada de melancia com ervas, avelãs tostadas e pimenta--do-reino, *270*, 271; Salada de milho grelhado com abacate e tomate-cereja, 192, *193*; Salada de milho grelhado com cogumelos, rúcula e pimentão, *194*, 195; Salada de tiras crocantes de batata e salsinha com creme de alho, 40, *41*; Salada de tomate *heirloom* com burrata, tapenade e pinole, *74*, 75
Salmuera, 292
Slush de papaia, 286
Sopa de tomate confitado, *68*, 69
sorvete: Abacaxi assado com mirtilos, 272, *273*; *Bizcochuelo* grelhado com morangos assados e sorvete, 258, 259-60; Cerejas tostadas com sorvete, 266, *267*; Sorvete de baunilha com azeite e sal marinho, 260

T

tahine: Molho de iogurte, 108, *109*
Tapenade, *74*, 75, 212
tempo, 301
Tian e churrasco de ratatouille, 85-6, *86*

toalhas, Uma ode às, 177

tomate, 61-75; Beringela com redução de tomate fresco, manjericão e queijo, 90; Beringela no *rescoldo* com redução de tomate fresco, *80*, 81; Brócolis *a la plancha* com tomate seco, 146, *147*; Funcho chamuscado e tomates *a la plancha* com abacate e sementes de girassol, *202*, 203; *Locro* vegano com pêssego seco, 227-8, *229*; Milanesa de homus com tomate-cereja, *230*, 230-1; Ragu de funcho, *210*, 211; Redução de tomate fresco, 295; Salada caprese de tomate chamuscado e ameixa, 72; Salada de couve--de-bruxelas em lascas com tomate-cereja e alho, 137; Salada de milho grelhado com abacate e tomate--cereja, 192, *193*; Salada de tomate *heirloom* com burrata, tapenade e pinole, *74*, 75; *Salsa criolla*, 237; Sopa de tomate confitado, *68*, 69; *Tian* e churrasco de ratatouille, 85-6, *86*; Tomate chamuscado com alho e tomilho, 70, *71*; Tomate confitado, *64*, 65; Tomate confitado recheado com queijo pepato, 66, *67*; Tomate-cereja chamuscado com cebolinha, 73; Tomates secos, 295

toranja: Repolho inteiro assado com molho de toranja, nozes e Campari, 131-3, *132*; Toranja chamuscada com mascarpone e granita de Campari, *264*, 265

Tortilha espanhola de batata-doce, *58*, 59

U

Uvas grelhadas com queijo derretido, *252*, 253

V

Vegetais de Natal, 172, *173*

vermute: Couve-flor assada inteira com gergelim, limão chamuscado e vermute, 144-5

vinagrete: Meu vinagrete básico, 292

X

Xarope simples, 299

Copyright © 2022 Fuegos Verdes
Copyright © 2022 by Francis Mallmann
Copyright © Penguin Random House Grupo Editorial S.A., 2022

Copyright das fotografias © 2022 by William Hereford exceto fotografias das páginas 16, 17, 22, 30, 31, 38, 41, 44, 48, 53, 55, 60, 73, 76, 82, 84, 86, 92, 96, 98, 99, 118, 139, 167, 190, 196, 200, 202, 207, 213, 218, 241, 252, 256, 258, 261, e 274 copyright © 2022 by Isaias Miciu

Companhia de Mesa é um selo da Editora Schwarcz S.A.

Grafia atualizada segundo o Acordo Ortográfico da Língua Portuguesa de 1990, que entrou em vigor no Brasil em 2009.

TÍTULO ORIGINAL *Fuego verde: Extraordinarias formas de asar frutas y vegetales a cargo del maestro de la cocina a fuego vivo*
FOTO DE CAPA William Hereford
PROJETO GRÁFICO DE CAPA E MIOLO Suet Chong
PREPARAÇÃO Milena Varallo
ÍNDICE REMISSIVO Probo Poletti
REVISÃO Angela das Neves e Jane Pessoa

Dados Internacionais de Catalogação na Publicação (CIP)
(Câmara Brasileira do Livro, SP, Brasil)

Mallmann, Francis
    Fogo verde: Técnicas de mestre para um churrasco à base de plantas e vegetais / Francis Mallmann, com Peter Kaminsky e Donna Gelb ; fotografia principal de William Hereford ; tradução de Bruno Fiuza. — 1ª ed. — São Paulo : Companhia de Mesa, 2024.

    Título original : Fuego verde : Extraordinarias formas de asar frutas y vegetales a cargo del maestro de la cocina a fuego vivo
ISBN 978-65-86384-25-3

1. Churrasco – Culinária 2. Culinária (Vegetais) 3. Culinária (Verduras) 4. Culinária ao ar livre I. Kaminsky, Peter. II. Gelb, Donna. III. Hereford, William. IV. Título.

23-180003   CDD-641.6565

Índice para catálogo sistemático:
Verduras : Receitas : Culinária   641.6565
Cibele Maria Dias – Bibliotecária – CRB-8/9427

Todos os direitos desta edição reservados à
EDITORA SCHWARCZ S.A.
Rua Bandeira Paulista, 702, cj. 32
04532-002 — São Paulo — SP
Telefone: (11) 3707-3500
www.companhiadasletras.com.br
instagram.com/companhiademesa

Esta obra foi composta por Osmane Garcia Filho em Helvetica Neue e impressa pela Gráfica Santa Marta em ofsete sobre papel Couché Fosco da Suzano S.A. para a Editora Schwarcz em fevereiro de 2024

A marca FSC® é a garantia de que a madeira utilizada na fabricação do papel deste livro provém de florestas que foram gerenciadas de maneira ambientalmente correta, socialmente justa e economicamente viável, além de outras fontes de origem controlada.